日本人が驚く中南米33カ国のお国柄

造事務所 編著

PHP文庫

○本表紙図柄＝ロゼッタ・ストーン（大英博物館蔵）
○本表紙デザイン＋紋章＝上田晃郷

はじめに　知れば知るほどおもしろい「中南米」の国々

あなたは「中南米」と聞いて、どんなことをイメージしますか？「陽気なラテン系」「サンバとカーニバル」「サッカーが強い」といったところではないでしょうか。

中南米——いわゆるラテンアメリカには、もともと先住民が点在し、インカ、アステカ、マヤなどの古代文明が存在しました。コロンブスがアメリカ大陸に到達して以降は、スペインを中心とした欧州諸国からの入植がはじまり、さらに、労働力としてアフリカの黒人が流入します。その後、独立運動を経て現在の国々が誕生しました。そのため、中南米諸国には白人、黒人、先住民との混血（メスティーソ）の人々が生活し、多種多様な文化が息づいているのです。

似たような国ばかりと思っていた中南米の国々のイメージが、この本を読むと目から鱗が落ちるほど変わり、おどろきとおもしろさに満ちていることがわかります。

まずは、次のページで、あなたが「知りたい！」「興味がある！」といった国を見つけてみましょう。

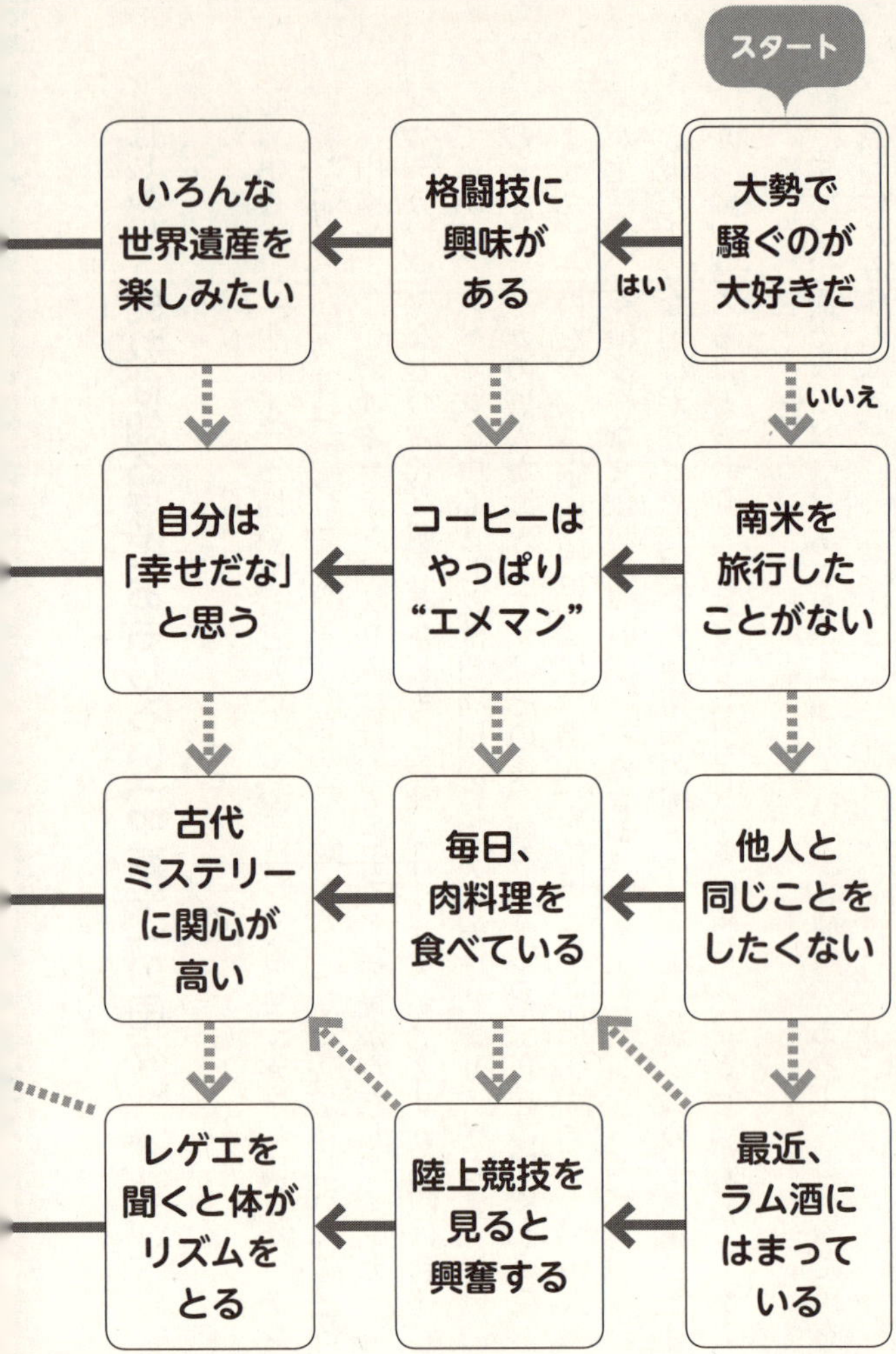
スタート
大勢で騒ぐのが大好きだ
はい
いいえ
格闘技に興味がある
いろんな世界遺産を楽しみたい
南米を旅行したことがない
コーヒーはやっぱり“エメマン”
自分は「幸せだな」と思う
他人と同じことをしたくない
毎日、肉料理を食べている
古代ミステリーに関心が高い
最近、ラム酒にはまっている
陸上競技を見ると興奮する
レゲエを聞くと体がリズムをとる

旅行先に日本文化があると安心する

リオのカーニバルが見たい！

ブラジル

←16ページへ

ラテン美女と出会いたい

指輪などの宝石に目がない

コロンビア

←58ページへ

本場のテキーラを飲みたい！

辛い食べ物もへっちゃら

メキシコ

←126ページへ

青い海、白い砂浜にあこがれる

ドレッドヘアに挑戦したい

ジャマイカ

←192ページへ

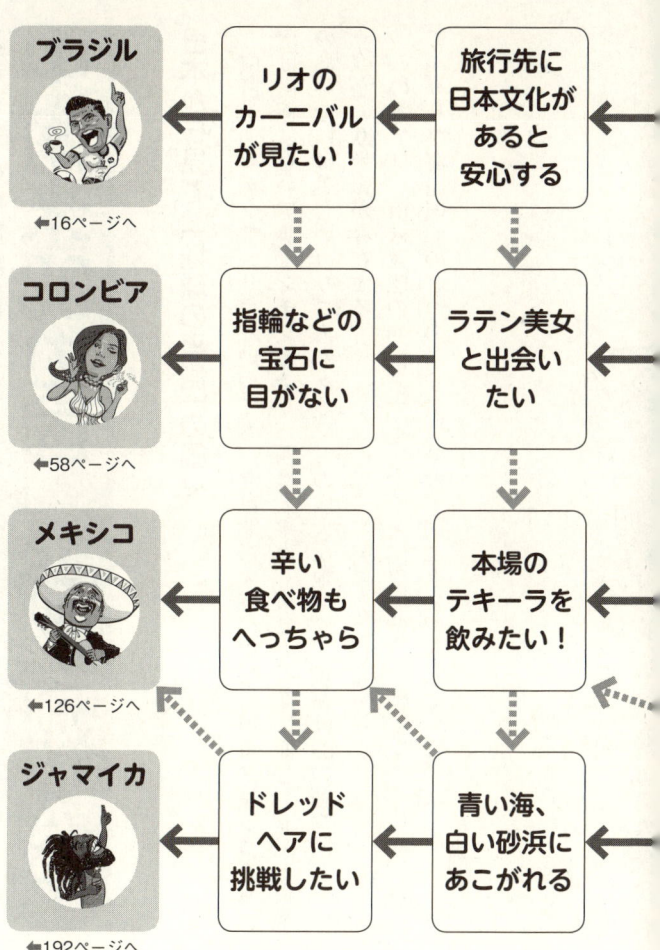

中南米33カ国 エリア別MAP

日本から見て、「地球の裏側」の国々

中南米＝ラテンアメリカといっても、北は北米大陸の南端にあるメキシコから、南は南極に近いアルゼンチンとチリ、西は太平洋、東は大西洋に面し、北米と南米のあいだには美しいカリブ海がある。この広大な地域に、現在は33の独立国と、いくつかの欧米領が存在する。

この本では、南米大陸の「南米」、メキシコ以南の北米大陸にある「中米」、そして「カリブ海諸国」の3つのエリアに分け、国ごとに紹介している。

カリブ海
中米
南米

日本人が驚く
中南米33カ国のお国柄
目次

エリア1／南米

エリア2／中米

エリア3／カリブ海

文／菊池昌彦、佐藤賢二、奈落一騎
イラスト／青木 大
図版／造事務所
本文デザイン／アップライン

エリア1

南米

南米MAP

ヨーロッパの影響が強く文化がミックスした国々

欧州の植民地支配から脱し、独自の路線を歩み続ける。

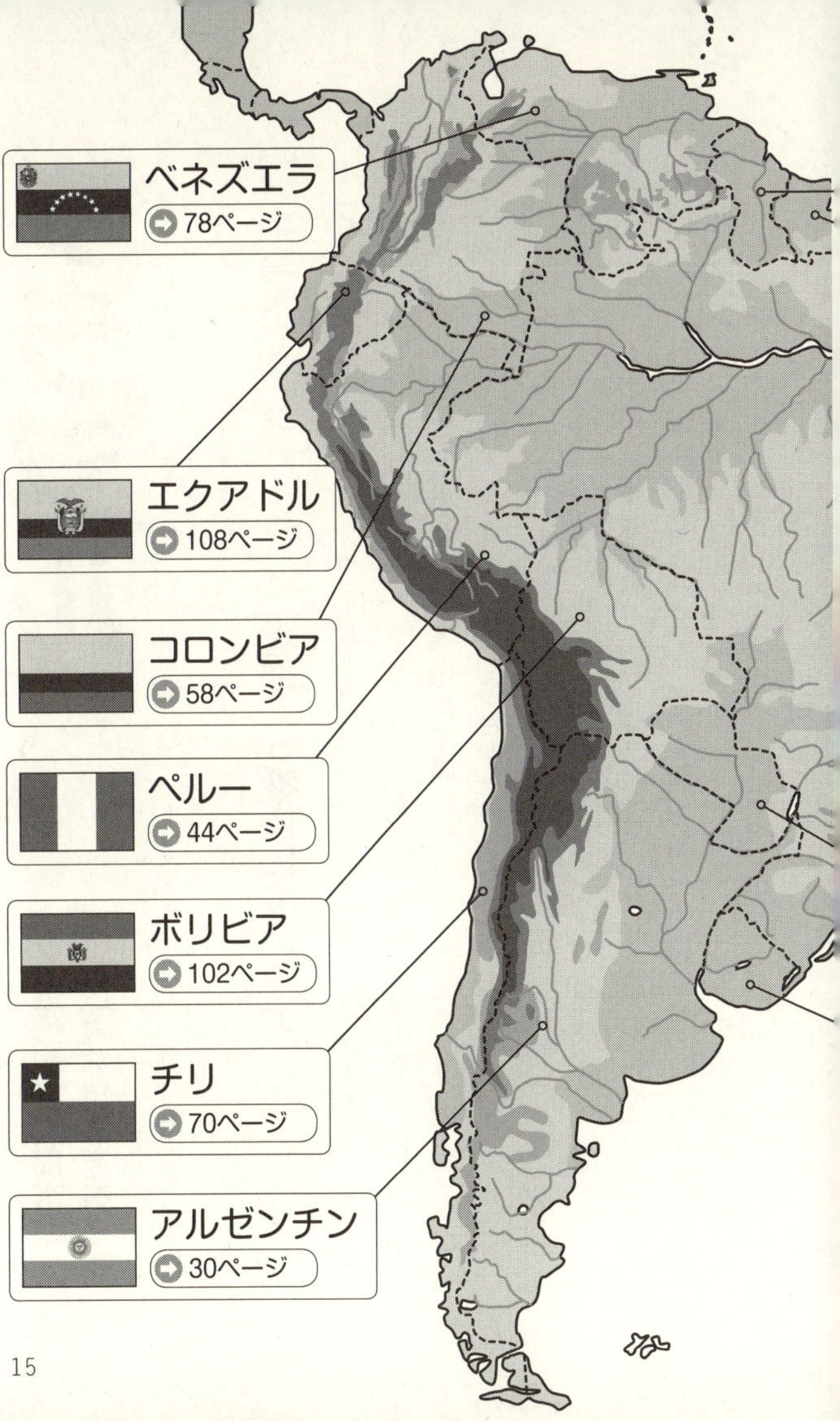
ベネズエラ
78ページ
エクアドル
108ページ
コロンビア
58ページ
ペルー
44ページ
ボリビア
102ページ
チリ
70ページ
アルゼンチン
30ページ

ブラジル

近代的な大都市と、広大な自然を有する

中南米でナンバーワン、世界で5番目に広い国土

２０１４年にはサッカー・ワールドカップ、２０１６年にはリオデジャネイロ・オリンピックを控えて盛り上がっているブラジルは、南米大陸の北部に位置している。国土面積は世界で5番目に広く、中南米諸国でもっとも大きい。広さはなんと、ロシアを除いたヨーロッパすべての国を合わせたより大きい。

北部にはアマゾン川が流れ、南部にはブラジル高原が広がる。「熱い」というイメージの通り、国土の大半は熱帯に属して温暖だが、じつは、南部などの一部地域では雪が降ることもある（南半球のため、南のほうが寒冷）。温暖な気候に加え、世界の河川流量の20％ほどを占めるアマゾン川のもと自然が豊か。世界の熱帯多雨林（ジャングル）の半分がアマゾン熱帯多雨林であり、その約60％はブラジル国内にある。

VIVA LA VIDA!
砂糖たっぷりの甘〜いコーヒーがお気に入り。
ふだん着は応援するチームのユニフォーム。
観戦し、自分でもプレーする、サッカー三昧の毎日。

この広さだけでも日本の国土の12倍にもなるという。ほかにも、内陸部にパンタナールという日本の本州ほどの湿地の一部があるなど、とにかくスケールはデカい。

⚽7割がカトリック、大半がO型

中南米の国で唯一、ブラジルはポルトガル語を公用語として使用している。かつてポルトガルの植民地であったからだ。その後、ブラジル帝国としてポルトガルから独立し、19世紀後半の革命でブラジル合衆共和国となったあと、1967年にブラジル連邦共和国となり今に至る。

国民の7割近くがカトリック教徒であるブラジルは、世界最大のカトリック人口を擁する。その数1億2000万と、日本の人口とさほど変わらない。信仰心の篤さを象徴するのが、コルコバードの丘にそびえ立つ。高さ39・6メートル、重量約635トンにもなる白い「キリスト像」だ。高さは、奈良の大仏の2倍以上。この像の眼下には、南東部の港湾都市リオデジャネイロ（通称リオ）が広がる。

人種的には、植民地時代以降に入植した白人系、アフリカから奴隷として連れてこられた黒人系、アジアなどからの移民系、先住民系などがおり、人種のるつぼ状態。ただ、国民の4割以上が混血であるため、比較的、人種差別は少ない。興味深いこ

ブラジル連邦共和国

DATA

首都	ブラジリア
人口	約1億9840万人（2012、国連人口基金「世界人口白書2012」）
面積	851万2000㎢（日本の22.5倍）
民族構成	欧州系48%、アフリカ系8%、東洋系0.6%、混血43%、先住民0.4%
言語	ポルトガル語
宗教	カトリック約65%、プロテスタント約22%、無宗教8%
政体	連邦共和制（大統領制）
名目GDP	約2兆2429億米ドル（世界7位、2013、世界銀行）
独立年	1822年（ポルトガルより）
国歌	Hino Nacional Brasileiro（ブラジルの国歌）

とに、大半の国民は血液型がO型だったりする。理由は諸説あるが、病気の耐性があったO型の人が生き残ったためだともいわれる。

そんなブラジルと日本の関係は深い。日本在住の南米出身者で、いちばん多いのがブラジル人だ。20世紀初頭から１９５０年代にかけて、日本からも、多くの人が移住し、現在では２世、３世も含めると、約１５０万人もの日系人社会が存在する。これは、海外の日系人コミュニティとしては最大規模だ。

日系人は、とくに南東部の大都市サンパウロに集中しており、約１００万人が暮らしている。だからといって、ブラジルで日本人っぽい若い人に「こんにちは」

などと気さくに話しかけても通じないことのほうが多いだろう。基本的に、2世以降の日系人はポルトガル語しか話せないからだ。

勤勉でマジメな日系人はブラジル社会で尊敬されており、ブラジル空軍のトップに就くなど、社会的地位の高い人も多い。

肉食志向からヘルシー志向にシフト

名物料理は、豆と豚肉、牛肉などをいっしょくたに煮込んだ「フェイジョアーダ」。これは、奴隷として連れてこられたアフリカの黒人料理がルーツとされている。フェイジョアーダは「ブラジルの国民食」とも呼ばれており、地域や家庭によって、具材や味付けには、無数のバリエーションがある。いわば、日本で言う味噌汁のようなものだ。また、鉄串に牛肉や豚肉、鶏肉などを刺し、岩塩をふってから炭火で焼く「シュラスコ」も、ブラジルの代表的な料理である。

シュラスコに代表される肉中心の高塩分・高脂肪の食生活もあってか、国際糖尿病連合によると、ブラジルの成人糖尿病人口は世界4位（2013年）にのぼる。それもあって、ヘルシーな日本食がブラジルで大人気。とくに寿司は、日系人社会の影響もあり、ブラジルでは大衆食堂でも食べられている。

●おもなコーヒー豆の生産国

出典：2012年度USDA「World Markets and Trade」

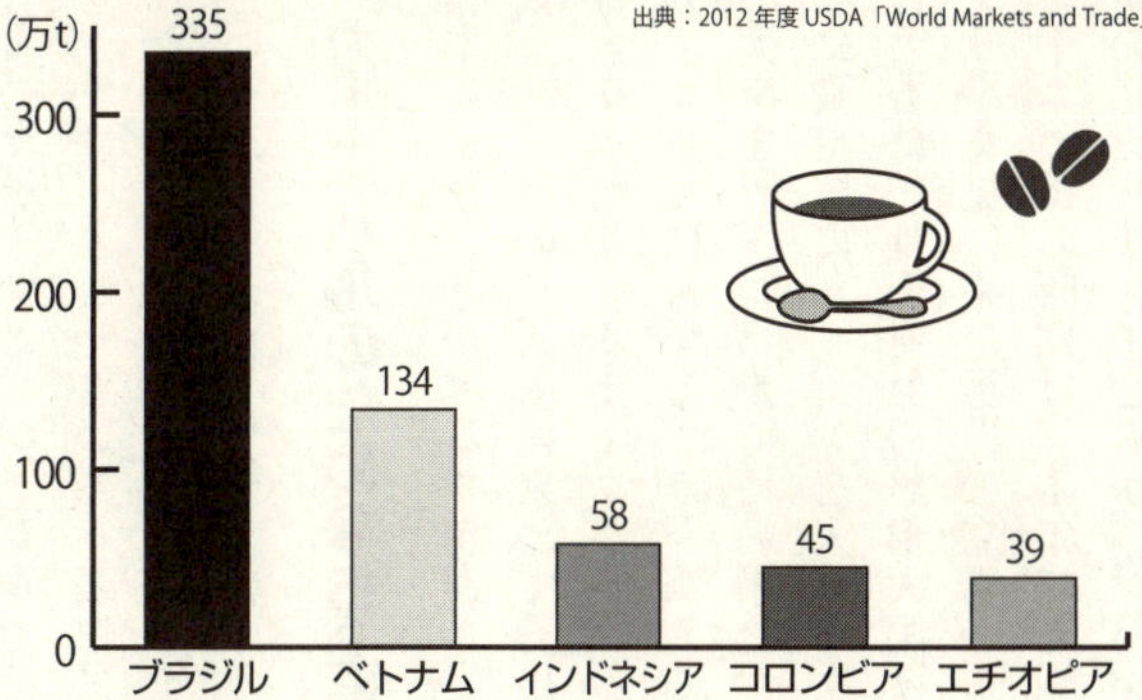

ブラジルが群を抜いて、コーヒー豆を生産、輸出している。

ただし、日本人観光客が現地の寿司屋に入ると、ガッカリするかもしれない。意外に日系人の寿司職人が少なく、それ以外の現地の人が握っていることが多いのだ。そのうえ、マンゴーや、ツナをガムシロップで漬けた具など、日本人からしたら「これはもはや寿司ではない！」という類いのものもあるので、行くさいは下調べするのをおすすめする。

ブラジルの食後の一杯といえば、コーヒーになる。コーヒー豆の生産量は世界一だからだ。濃いコーヒーに砂糖をたっぷり入れて飲むのがブラジル流。「それなら、薄いコーヒーを飲めば」と思うところだが、ブラジル人からすれば、苦いコーヒーは飲めたものではないらしい。

食事のマナーでは、ブラジルではヨーロッパと同じように、食事中に音を立てることがタブーとなっている。豪快に肉にかぶりつくブラジル人をイメージするかもしれないが、ハンバーガーやピザを食べるときも、きちんとナイフとフォークを使うというから、かなりマナーにはうるさいのである。

カーニバルのためなら、整形もいとわない

日本人が思い浮かべるブラジル文化といえば、けだるいボサノバのメロディか、陽気なサンバのリズムに乗って露出の多い女性ダンサーが踊ったり、ド派手な山車《だし》が行き交ったりするカーニバルだろう。

カーニバルに対するブラジル人の力の入れ方は、日本人の想像を超えている。年収の大半をカーニバルで使い果たす人までいるのだ。さらに、ダンサーに選ばれるために胸や尻にシリコンを入れる女性もいる。この背景には、ダンサーへのあこがれとともに、世界有数の整形大国という事情もあるのだろう。とはいっても、女性ダンサーを見に来た男性の立場からしてみれば、少々残念な事実だ。

カーニバルの時期は、1年でもっとも気分が高揚する。そのせいだろう、カーニバルの10カ月後に子どもがバンバン生まれるという。ハネムーン・ベイビーならぬ、

華やかな衣装をまとったダンサーがフロート（山車）に乗り、会場を行進する。

「カーニバル・ベイビー」だ。

ただ、カーニバルは楽しいだけのイベントではない。毎年、リオのカーニバルでは数百人規模の死者が出ているのだ。死因の大半は、酒に酔ってのけんかや飲酒運転による交通事故死など。それほど、ブラジル人は熱狂的になってしまう。

カーニバルの時期以外であっても、お世辞にもブラジルは治安のいい国とはいえない。

世界各都市における人口10万人あたりの殺人発生件数のランキング（2011年、SEGURIDAD.JUSTICIA Y PAZ）を見ると、第3位にブラジル北東部の都市マセイオが、第10位に北部の港町ベレンがランクインしている。

ワールドカップ優勝は「義務」

犯罪発生率の高さの背景には、貧富の格差という社会問題がある。

ブラジル経済は日本にはない、ふたつの要素をもとに発展を続けている。ひとつは若い労働力だ。ブラジルの人口は、20～30代が占める割合がいちばん多い。もうひとつは、豊富な天然資源だ。これらを武器に、BRICSの一角として、2013年の名目GDPは2兆2429億ドルだった。この数値は日本の2分の1程度。世界第7位の経済規模だ。ワールドカップやオリンピックを開催できるのも、この好景気のおかげといえる。しかし、国民一人あたりの名目GDPは1万1311ドルで、日本の3万8491ドルとくらべると3分の1強程度しかなく、ほかの先進諸国と比較しても低い。つまり、国民の大半は貧困層ということだ。

貧困から抜け出そうと思えば、スポーツ選手として成功を収めるのが、いちばん手っ取り早い。だからこそ、昔からブラジルはスポーツ大国であり、とくに国技ともいうべきサッカーの人気は絶大だ。

セレソン（選ばれた者）とも呼ばれるサッカーのブラジル代表は、ワールドカップ5回優勝という最多勝を誇り、世界の強豪国の地位を守り続けている。ブラジル人

●サッカー強豪国のワールドカップ優勝回数

1位（5回）	ブラジル	1958年、1962年、1970年、1994年、2002年
2位（4回）	イタリア	1934年、1938年、1982年、2006年
3位（3回）	ドイツ	1954年、1974年、1990年
4位（2回）	アルゼンチン	1978年、1986年
4位（2回）	ウルグアイ	1930年、1950年

※ほかイングランド、フランス、スペインが1回ずつ優勝

ブラジルの強さは、南米でも群を抜いている。

にとってワールドカップ優勝は「目標」ではない、「義務」なのだ。そのため、チームが不調であれば、任期途中でも監督は解任される。

そんなブラジルは、数多くの世界的な名サッカー選手を輩出している。とくにペレはサッカー史上もっとも偉大な選手のひとりとされており、国内では尊敬を集めている。いわば、日本でいうところの長嶋茂雄か王貞治のような存在だ。

ペレがいかに尊敬されているかを伝えるこんなエピソードがある。ペレが運転中に自動車強盗に襲われたさい、「わたしはペレだが」と一言いうと、それだけで強盗が「ごめんなさい」と謝り、何もとらずに逃げたという。

サッカーに次いで国内で人気なのがバレーボールだ。身体能力などを武器に、男女ともワールドカップを連覇した記録をもつ。南米選手権にかぎれば、男子は20連覇以上するなど、予選をする意味がないのでは、というくらいに強い。

日本人が伝えた柔道が「柔術」に

サッカーと並んで、ブラジルでさかんなのが格闘技だ。グレイシー柔術（ブラジリアン柔術）や、その使い手であるヒクソン・グレイシーの名を聞いたことはあるだろう。グレイシー柔術は、ブラジルで独自に発展した寝技中心の格闘技だが、柔術という名称からもわかるように、じつは日本の柔道と深い関係がある。

明治時代の柔道家に、前田光世《まえだみつよ》という人がいる。柔道の創始者・嘉納治五郎《かのうじごろう》の直弟子であった前田は、武者修行と柔道普及のために世界中を回りながらボクサーやレスラーとの異種格闘技戦をくり広げ、最後にブラジルの地を訪れた。そこで前田は現地の人々に柔道を教え、そこからグレイシー柔術が誕生したのである。

いわば、グレイシー柔術と日本の柔道は兄弟のような関係なのだ。ただ、ブラジルは柔道もさかんで、その競技人口は、本家日本を超える約200万人。身体能力の高さに加えて競技人口が多く、オリンピックでメダルを獲得するのもうなずける。

●世界各国のおもな柔道人口

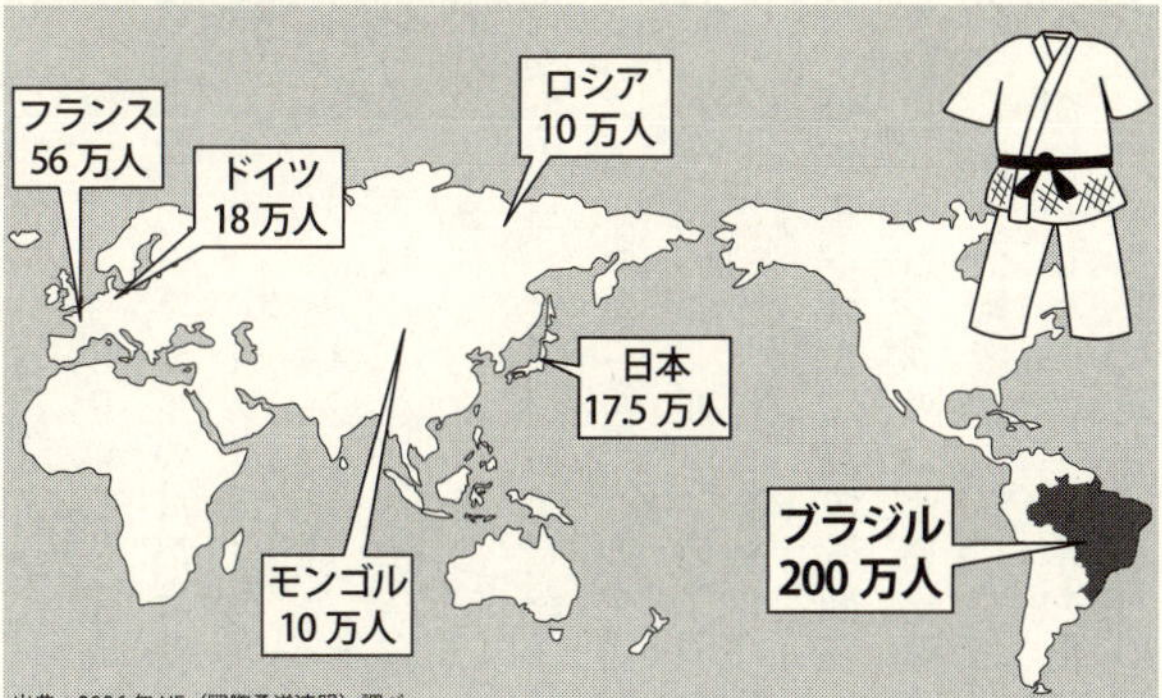

出典：2006年IJF（国際柔道連盟）調べ

日本や強豪選手を輩出するフランスよりも、ブラジルの競技人口は多い。

柔術のほかにも、カポエイラという蹴り技を中心にした独特な格闘技もある。これは、武器の所有を禁じられていた黒人奴隷が編み出した格闘技とされる。蹴りが主体となっているのは手枷《てかせ》を嵌《は》められていた奴隷が自由に使えるのが足だけだったからともいわれている。

ちなみに、日本人はマンガやゲームの影響でカポエイラというと逆立ちして戦うイメージをもちがちだが、実際は立って戦うのが基本だったりする。

築30年弱の首都が世界遺産！

意外に思われるかもしれないが、ブラジルの首都はリオでもサンパウロでもなく、ブラジリアだ。１９８７年には世界遺産（文化遺産）に登録されている。さぞかし歴史のある都市だと思うかもしれないが、建設は1960年で、完成から30年弱で世界遺産に登録されたのだ。

もともと、ブラジルの首都はリオだった。ところが、発展の遅れていた内陸部を開発するための国家プロジェクトとして、時の政府が未開のブラジル高原を切り開いてブラジリアという新首都をつくりあげたのだ。伝統もなにもない計画都市であるブラジリアには、整然と近未来的な建築物が並び、道路の名前もR3やL4といった記号で示されている。まるで、SF映画に出てくるような特異な景観で、その独創性などから、世界遺産に登録されたのである。

もちろん、もっと歴史のある世界遺産も存在している。たとえば、オウロ・プレットは、17世紀のゴールド・ラッシュによって発展した都市で、サン・フランシスコ・デ・アシス教会など貴重なバロック様式の建築物が保存されている。この街は、ブラジルのポルトガルに対する独立運動発祥の地でもある。

それに、ジャングルは自然遺産の宝庫。その代表がアルゼンチンとの国境にあるイグアス国立公園で、世界最大の滝「イグアスの滝」がある。滝幅は約4000メートル。滝幅が日本一の「曽木《そぎ》の滝」は210メートルだから、ケタがちがう。

そして、ジャングルを守るために設置されたジャウー国立公園も世界遺産だ。この国立公園は政府の許可がないと入れないが、アマゾンのジャングルをめぐるツアーは魅力的だ。ピラニア釣りやワニ狩り、ワニ観察など、ワイルドな体験ができる。

ジャングルの生態系を支えるアマゾン川は流域面積と水量が世界一、長さは世界2位としてよく知られている。しかし近年、長さもアマゾン川が世界一という説が出てきている。新たな源流が見つかって距離が伸びたというのだ。いつか1位のナイル川を抜き、アマゾン川が「世界一長い」とされる日も、そう遠くないのかもしれない。

流域が広大であるため、探索が行き届いていない地域も多い。外界との接触を絶っている原住民の集団が100以上もあるとされ、いまだに未知の部族が発見され、ニュースになることもある。このように、ブラジルはアマゾンのように奥深いのだ。

〈ブラジルの代表的人物〉

アイルトン・セナ (1960年－1994年)

サッカーのペレやジーコと並び称される世界的なＦ１ドライバー。とくに日本では、Ｆ１人気の時代にホンダのレーシングカーに乗っていたこともあり、日本でも「音速の貴公子」の愛称で絶大な人気を誇っていた。だが、レース中の事故で急死。多くのファンを悲しませた。

アルゼンチン

白人の割合は南米一。
プライドもいちばん

最高気温と最低気温の差が90度！

独特の文化をもつアルゼンチンは、南米大陸の南部に位置する。面積は中南米の国のなかではブラジルに次ぐ2位で、国土は南北に大きく広がっている。

そのため、気候は亜熱帯から寒帯までバラエティに富んでおり、南米における最高気温と最低気温は、ともにアルゼンチンで観測されたほど。最高気温は国の中央部にあるコルドバ州で観測された49・1度、最低気温は西部にあるサン・ファン州で観測されたマイナス39度だ。その寒暖差は90度近くもあるので、アルゼンチン一周旅行をするなら、季節にもよるが、夏服と防寒着の両方の準備が必要になる。

さらに、アルゼンチンは、「世界一、風が強い国」でもある。南部のパタゴニア地方は標高2000～3000メートル級の高山地帯であり、風が強いところでは

身だしなみには
人一倍、気をつ
かう。
夜のおともは、
母国の名産の極
上ワイン。
華麗なタンゴの
ステップで夜の
主役に。

1年を通して風速約30メートルの風が吹き、最大瞬間風速は120メートルに達することもある。あまりの強風に、同地の樹は斜めに生えているほど。外を歩くのも一苦労だが、きびしい自然環境を利用して風力発電がさかんに行なわれているというから、なんともたくましい。

さらに南に行くと、そこはもう、ほぼ南極圏。フエゴ島のウシュアイアという都市は「世界最南端の都市」とされている。それもあってか、アルゼンチンは南極大陸の一部の領有権を主張している。だが、南極は国際条約で特定の国の領土とすることが禁じられているため、大半の国はアルゼンチンの主張を相手にしていない。

イギリスも過去の探検の実績などから南極大陸の一部の領有権を主張しており、アルゼンチンと対立している。1980年代には、アルゼンチン近海にありながらイギリスが実効支配するフォークランド諸島の領有権をめぐって両国が戦争状態になるなど、アルゼンチンとイギリスは領土問題で衝突しやすいようだ。

プライドが高く、周辺国に煙たがられることも

国名のアルゼンチンというのは、ラテン語で「銀」を意味する。これは、16世紀にこの地にやってきたスペイン人が、先住民を使って銀を入手したことに由来する。

アルゼンチン共和国

DATA

首都	ブエノスアイレス
人口	4109万人（2012、世界銀行）
面積	278万㎢（日本の約7.5倍）
民族構成	欧州系（スペイン、イタリア）97%、先住民系3%
言語	スペイン語
宗教	カトリック等
政体	立憲共和制
名目GDP	約4882億米ドル（世界26位、2013、世界銀行）
独立年	1816年（スペインより）
国歌	Himno Nacional Argentino（アルゼンチンの国歌）

日本が「黄金の国」ならば、アルゼンチンは「銀の国」というわけだ。

歴史的にはアルゼンチンも、もとはスペインの植民地だった。しかし、ほかの南米諸国とくらべると、人種構成は大きく異なる。圧倒的に白人系が多い。19世紀に先住民をきびしく排斥したうえで、ヨーロッパからの移民を積極的に受け入れたからだ。

このような背景から、アルゼンチン人の多くは自分たちを「伝統的なヨーロッパ文化の一員」と考えており、そのことにプライドをもっている。それゆえ、ほかの南米諸国を少々下に見ているとされる。実際、首都ブエノスアイレスには西洋風の石造りの建築物が立ち並んでおり、「南米のパリ」とも呼ばれている。

そういう意味でアルゼンチン人は、古都の伝統に高い誇りをもっている京都人のようなものかもしれない。一方、ほかの南米諸国の人々はアルゼンチン人に対して、「高慢で気取ったイヤな奴」という印象をもっているという。

だが、現在のアルゼンチンの白人系の半数近くには、何らかの形で先住民の血が混じっているので、そのプライドには、じつはあまり根拠がない。それでも多くのアルゼンチン人は、自分たちを「特別な存在」だと感じており、愛国心は非常に強い。「国旗を軽視した行動は最大で禁固4年」という法律もあり、「海外からの自国に対する批判に、もっとも敏感な国民」という評もある。

もっとも近年は、その愛国心も傷つきがちだ。フォークランド諸島をめぐるイギリスとの戦争では大敗を喫し、２００２年には国家の破産宣言を意味する「返済不履行（デフォルト）」に陥るなど、国としての威信が揺らぎっぱなしなのである。

キリスト教徒しか大統領になれない

国民の7割から9割は、カトリック教徒だ。そのためアルゼンチンの憲法には「国がカトリックを保護すべき」と記されている。さらに、大統領にはキリスト教徒し

●地域別のカトリック信者数

出典：2011年「CHRISTIAN TODAY」『グローバル統計地図 世界の中の日本がわかる』など

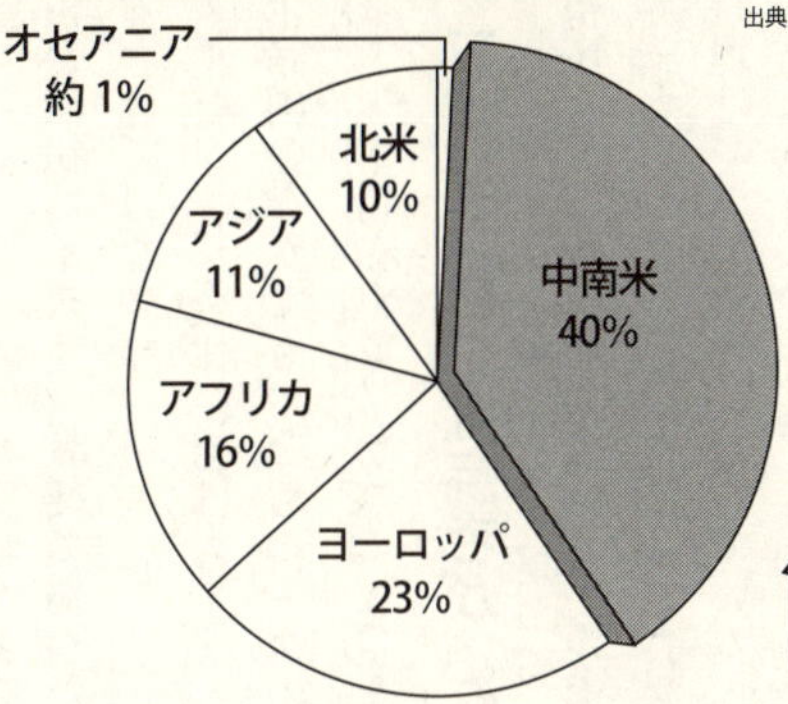

欧米の信者数より、中南米の信者数のほうが上回っている。

かなれないという法律もある。1989年から99年まで大統領を務めたカルロス・メネムは、もともとはイスラム教徒であったが、大統領になるためにキリスト教に改宗している。

ローマ法王フランシスコ（2014年現在）も、アルゼンチンの出身だ。全世界12億人以上のカトリック教徒たちの指導者である法王に、南米出身者が選ばれたのは、これが初だった。

近年はアルゼンチンやブラジルなどの南米諸国のほうが、欧米よりカトリック教徒の数が多くなっている。そのため、ヨーロッパ地域のカトリック指導者たちも、この地域を重要視せざるを得なくなっているのだ。

このようにカトリック大国であるアルゼンチンだが、先に名前を挙げたメネム大統領が最初はイスラム教徒であったことからもわかるように、他宗教が弾圧されているわけではない。

アルゼンチン全体におけるイスラム教徒の割合は1・5%程度に過ぎないが、中南米諸国のなかでもっともモスクの多い国ともいわれている。ユダヤ系住民も多いため、中南米諸国のなかではいちばんユダヤ教徒の多い国でもある。

⚽アルマジロの丸焼きがご馳走

畜産と農業が主産業であるアルゼンチンの食文化は、肉食系だ。牛肉の消費量は世界一と言われ、「肉がないことは食事がないことだ」ということわざもあるほど、肉料理はバラエティに富んでいる。

代表的なのは、「アサード」(スペイン語で「焼く」という意味)。これは、牛肉を炭火でじっくり焼いて、最後に塩を振りかけて食べる料理だ。また、「パリジャーダ」という、臓物や豚肉、鶏肉、チョリソ(豚肉のソーセージ)などを炭火焼きしたものの盛り合わせも親しまれている。そして、アルゼンチンはワインの特産地であるため、昼間からワインと肉料理を楽しんでいる人もいるくらいだ。

● 日本とアルゼンチンの肉の年間消費量（一人あたり）

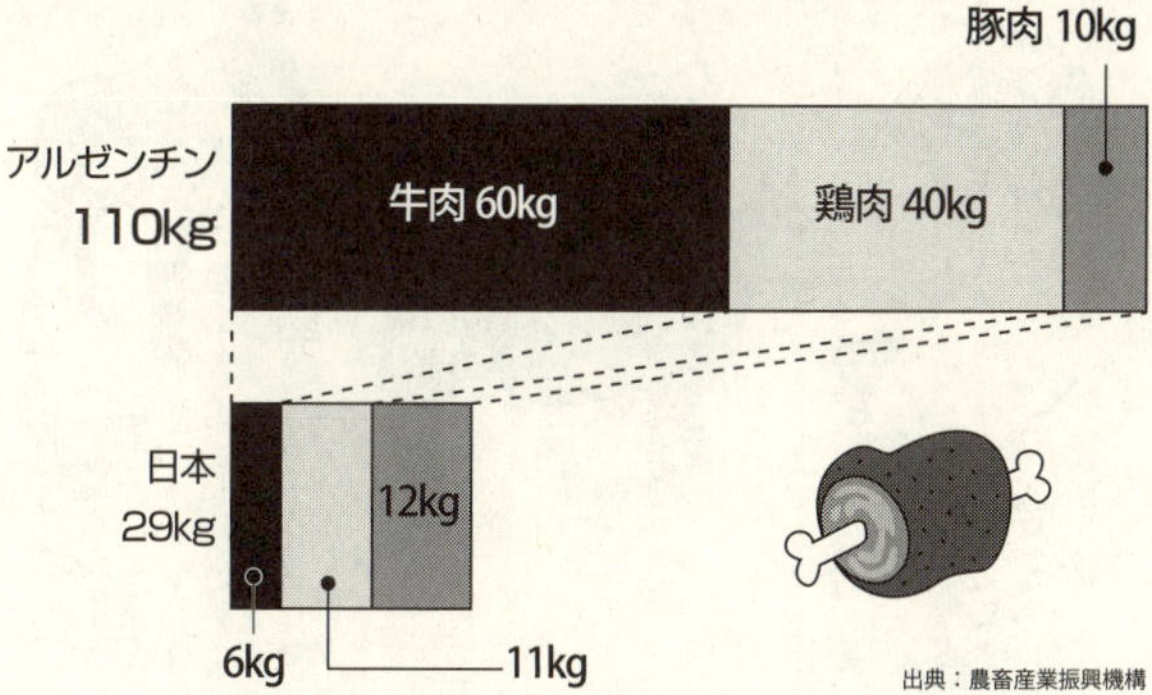

出典：農畜産業振興機構

アルゼンチン人は、日本人の数倍もの牛肉と鶏肉を食している。

肉があまり得意でない人には、「エンパナーダ」という半円形のパイがおすすめ。中身は牛肉や鶏肉、ハムとチーズなどのことが多いが、トウモロコシやタマネギなど野菜だけのものもあり、国内のどこに行っても食べられる。

アルゼンチンは、中南米のなかでは食品の衛生管理状態が良いほうなので、レストランはもちろん、スーパーや町の肉屋や八百屋で売っている食材を安心して食べられるのも、観光客にとっては心強い。日本では当たり前のことなのだが。

日本人からするとビックリするようなものも、アルゼンチンでは食べられている。それは、アルマジロだ。

哺乳類でありながら固い甲羅（鱗甲板）

●アルゼンチンの肉料理のおもな食材

牛や鶏のほかに、馬やアルマジロも食べられる。

をもち、目がクリッとしていて見た目がキュートなアルマジロは、日本人の感覚からすればとても食べられそうにない。

だが、アルゼンチンの家では、お客さまが来たときなどに、ご馳走として調理されたアルマジロが出されることがある。それも、丸焼きで……。とはいえ、アルゼンチン人全員がアルマジロ好きというわけではないらしい。

銀行で携帯操作はNG

日本人にとっておどろきの習慣が、アルゼンチンにはまだまだある。

たとえば、スーパーなどで買い物をしていると、まだレジで精算の済んでいない商品をその場で開けて、ポリポリと食べている人を見かけることがある。アルゼンチン人からすると、「どうせあとでお金を払うのだから、いっしょだろう」ということらしいが、「お金を払うまでは商品は店のもの」という日本人の意識からすれば、とうてい信じられない光景といえる。

また、時刻表が存在しないバス停もある。「いつか来るだろう」という感覚なのだ。バスに乗っても料金箱にお釣りを出す機能がついていないこともあるので、運賃ピッタリの小銭を持っていない場合は乗らないほうがいい。ただ、交通機関がいい加減なのは、アルゼンチンだけのことではなく、わりと世界的に共通している傾向ではある。日本が異常にきちんとしすぎているのだ。

それから、銀行や両替所に入ったら、けっして携帯電話で話したり、メールを打ったりしてはいけない。強盗が外の仲間と連絡をとっていると間違えられて、警備員に取り押さえられてしまう。

長年、南米の国のなかでは、アルゼンチンは比較的安全な国とされてきたが、デフォルト以降、経済の低迷から急激に治安が悪化。ブエノスアイレス周辺には「ビジャ」と呼ばれるスラム街が広がり、強盗やひったくり、置き引きなどが多発している。

国民のアイドルは「聖母」と「神の子」

この国出身の世界的有名人といえば、ほとんどの人が「エビータ」ことエバ・ペロンか、サッカー選手で「神の子」と称されるマラドーナの名を挙げるだろう。このふたりは、現在もアルゼンチン国内で熱狂的な崇拝の対象となっている。

貧困層の私生児というきびしい環境で生まれ育ったエバは、その美貌から、やがて女優となり、さらには大統領夫人にまで上りつめるという波乱万丈の人生を送った女性だ。彼女の夫であるフアン・ドミンゴ・ペロンは、1940年代から50年代にかけてと、70年代の二度にわたりアルゼンチンの大統領を務めていたが、強権的な軍事独裁政権を築き上げたこともあり、諸外国の評判は良くなかった。だが、妻の人気から、国内では強い支持を受けていたのである。

それほどエバの人気が高かった理由は、ファーストレディになったあとも、みずからの出自を隠すことなく、つねに貧しい者の味方として慈善事業に熱心であったためだ。それゆえ、多くの国民から「聖母」とも呼ばれ、慕われていた。

彼女が1952年に33歳の若さで亡くなると、葬儀には数十万人の市民が参列したという。その生涯は、のちにミュージカルとなり、マドンナ主演で映画にもなっ

●エビータとマラドーナのプロフィール

エバ・ペロン		ディエゴ・マラドーナ
女性	性別	男性
1919年-1952年	生没年	1960 年 -
女優、政治家	職業	元サッカー選手、現サッカー指導者
〈1930 年代〉 ラジオドラマや映画に出演して活躍しはじめる。 〈1946 年〉 夫のフアン・ドミンゴ・ペロンが大統領に就任後、国政に介入するようになる。女性参政権を導入させたり、慈善団体「エバ・ペロン財団」を設立したりする。	略歴	〈1976 年〉 史上最年少でアルゼンチン・リーグに初出場。 〈1977 年〉 16 歳でアルゼンチン代表に選ばれる。 〈1986 年〉 母国をワールドカップ優勝に導く。 世界年間最優秀選手に選出。 〈1996 年〉 バロンドール特別賞を受賞する。

エビータは女優、政治家として、マラドーナはサッカー界で活躍した。


ている。

マラドーナは、ブラジルのペレと並び称される、世界のサッカー史上最高の選手のひとりだ。160センチ台の小柄な体格でありながら、卓越したテクニックの持ち主で、1986年のワールドカップでは母国を優勝に導き、97年に引退するまで、ドリブルでの「5人抜き」や、いわゆる「神の手」ゴールなど、数々の伝説的なプレーでファンを魅了した。

だが、ドーピング検査に引っかかったり、麻薬中毒になったりするなど、素行に問題が多いため、人格面に関してはサッカー界全体からの批判も強い。とくにライバル国ブラジルのペレが人格者として知られている分、マラドーナの評判は落ちがちだ。それでもアルゼンチンの人々だけは、マラドーナを支持し続けた。

そんな国民の彼に対する愛情は、ときとして度を超えることもある。なんと、マラドーナをキリストと同じような聖人と見なすマラドーナ教という宗教がアルゼンチンには存在するのだ。この宗教ではマラドーナの肖像を祭壇に飾り、毎日、信者が祈りを捧げているという。

アルゼンチン・タンゴの名曲はウルグアイ人が作曲

哀愁あるメロディと「タッ・タッ・タッ」という独特のリズムを聞いたことはないだろうか。アルゼンチンは、ダンス音楽のタンゴ発祥の地なのだ。タンゴは、19世紀後半にブエノスアイレスのラ・ボカ地区ではじまったといわれている。

その後、ヨーロッパでもさかんにタンゴが演奏されるようになり、そちらはコンチネンタル・タンゴと呼ばれている。日本人がタンゴと聞いてイメージするであろう「黒ネコのタンゴ」は、もとはイタリアの童謡なので、あえていえばコンチネンタル風だ。

ふたつのタンゴの最大のちがいは、使用する楽器にある。コンチネンタルのほうはおもにアコーディオンで演奏されるが、本場のアルゼンチン・タンゴはバンドネオンという楽器で演奏されるのが一般的。バンドネオンはアコーディオンによく似た形をしているが、鍵盤ではなく、たくさん並んだボタンを押すことで、さまざまな音色を自在に奏でることができる。

アルゼンチン・タンゴの代表曲は、「ラ・クンパルシータ」だ。この曲はアルゼンチン国民のあいだで、自国文化を代表する曲として広く愛されている。

だが、この曲はウルグアイ人の作詞作曲なのだ。のちに別のアルゼンチン人が異なる歌詞をつけたほうがメジャーになったため、アルゼンチン人は「オレたちの曲だ！」と思い込んでしまったのである。

一方、ウルグアイ側も自分たちのものだと主張しており、同国では「第二の国歌」と呼ばれるほど親しまれ、いまも本家争いが続いている。

とはいっても、プライドの高いアルゼンチン人が、負けを認めることは今後も絶対にないだろう。

〈アルゼンチンの代表的人物〉

チェ・ゲバラ（1928年－1967年）

革命家、政治家。キューバ革命の立役者として、世界的に知られる。裕福な家に生まれ、エリートコースを進んで医者となったが、ペロンの独裁政権を嫌ってアルゼンチンをはなれ、その後の生涯を革命に捧げた。ボリビアで活動中、政府軍に捕まり、殺された。

ペルー

アンデスの自然に生きるインカ帝国の末裔たち

海と山がすぐ接したアンデスの高地国

「マチュ・ピチュ遺跡に行ってみたい！」という人は多い。だが、マチュ・ピチュ遺跡がペルーにあることを知っている人は多くない。

そんなペルーは海と山がすぐに接した国で、国土は沿岸部の平地、マチュ・ピチュ遺跡などがあるアンデス山脈の高地、そしてアンデス山脈を越えた内陸に広がるアマゾンの熱帯多雨林、という3つの地域から構成されている。国土は日本の3倍以上もあるが、3割が高山地帯、6割はジャングルで、人が住むのに適した土地は少ない。

多くの人は沿岸部に住んでいる。地域によって生活スタイルは大きく異なり、民族構成も多様だ。沿岸の都市部は欧米のような雰囲気で白人や日系などの移民が多

人口の約半分が、白人の血が混ざっていない先住民。
高地を移動し、鍛えられた腕力と脚力は半端ない。
多彩な色を使った派手な民族衣装を着こなす。

めだが、内陸では昔ながらの伝統的な生活を送る先住民が少なくない。

本家のスペイン語よりていねいに話すペルー人

南北に細長く広がるコスタ（海岸地帯）には、首都リマをはじめとする大都市が多い。気候は年間を通して雨が少なく、砂漠が広がっているが、冬は曇りの日が続くので「霧の立ちこめる港町」というイメージだ。

コスタの住民は、スペイン系白人の子孫や白人と先住民の混血（メスティーソ）、アジア系などの移民が入り混じっている。気質は情熱の国スペイン人の気風を引き継ぎ、フランクで遠慮なくものを言う傾向が強い。とくに白人系の人は、はっきりした性格の人が多く、日本人のように遠慮がちな人はあまり好かれないようだ。

典型的なラテン系国家にはよくあることだが、お金や数字にはアバウトな人も多く、少額の買い物のおつりなどは四捨五入されてしまうことがあるそうだ。使われる言葉はおもにスペイン語だが、話し方は本家のスペイン語よりもていねいでスローだ。スペイン人が入植してきた16世紀ごろの古い言葉の雰囲気に近いのだろう。

コスタで、スペイン人と先住民の文化がよく現われているのが食生活だ。１日のメインは昼食であり、これはスペイン人のライフスタイルだ。国際連合食糧農業機

ペルー共和国

DATA

首都	リマ
人口	約3081万人（2014年1月推定値、ペルー統計情報庁）
面積	約129万㎢（日本の約3.4倍）
民族構成	先住民45%、混血37%、欧州系15%、その他3%
言語	スペイン語（他に先住民の話すケチュア語、アイマラ語等）
宗教	国民の大多数はカトリック
政体	立憲共和制
名目GDP	約2065億米ドル（世界50位、2013、世界銀行）
独立年	1821年（スペインより）
国歌	我等は自由に、常にそうあらんことを

関によると、ペルーは世界4位（2011年）の漁獲量を誇り、沿岸部ではヒラメやタイ、タコやムール貝などの魚介類がよく食べられているが、これらとアンデス原産の食材のトマトソースやチリペッパーを組み合わせた料理が多い。

クリスマスにけんかする民

標高6000メートルにも達するアンデス山脈一帯の地域をシエラ（山岳地帯）という。高地になるほど寒冷で、富士山の山頂とほぼ同じ高さ（標高約3400メートル）のクスコでは、真夏でも気温が15度未満しかない。

高地で酸素が薄いため、体が慣れていない旅行者が高山病で、よく頭痛や息切れを起こすくらいだ。逆にいえば、酸素の少ない高地での運動に慣れると、持久力は格段にアップする。そこで、ペルーのサッカー代表チームなどは、国際試合前にアンデスの高地でトレーニングすることも少なくないという。

観光ガイドでよく見る、いかにもペルーらしいポンチョ姿の山の民は、このシエラの住人だ。彼らの多くは先住民（インディオ）で、スペイン語とならんでケチュア語、アイマラ語などの歴史のある言葉が使われている。

今でこそアンデスを訪れる観光客が増えたが、山奥では外国人と接する機会も少なく、古くからのシエラの農民はわりと無口でシャイ。写真を撮られると魂を抜かれる、と思っているような迷信深い老人もいるという。

赤道に近いので低地ではバナナやカカオなど熱帯性の植物を栽培しているが、涼しい高地では、段々畑でジャガイモなど寒冷地でよく育つ作物が栽培されている。アンデス南部はジャガイモの原産地というだけあって、やたら細長い形のものや表面がつぶつぶ状のものなど、5000種ものジャガイモがあるという。

標高4000メートル以上では、日本でもCMでおなじみのラクダの仲間であるアルパカやリャマの放牧がさかんだ。アルパカはふわふわの白い毛が織物の材料にされ、リャマは荷運びに活用されている。じつは、ともに食用としても重宝されて

●高地を走る世界の鉄道ベスト3

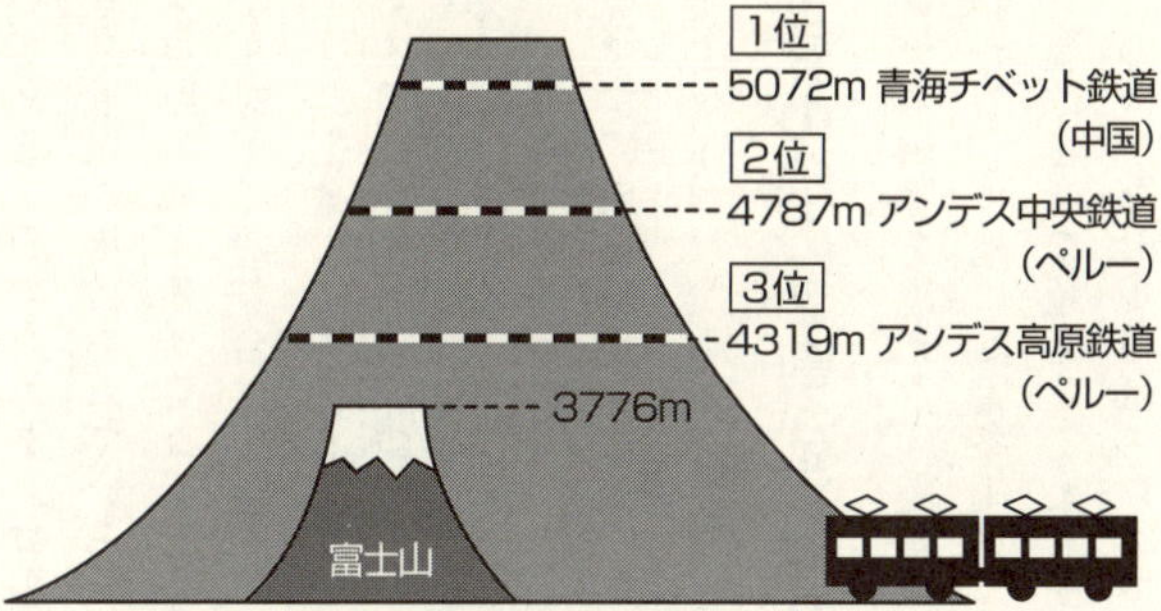

近年1位の座を明け渡したものの、2位と3位はペルー国内を走っている。

おり、味は牛肉に近いようだ。あの、かわいい動物を食べるとなると、ゲテモノ料理と同じくらい気がひけるが……。

アンデス山脈には、高低差が4631メートルもあるアンデス中央鉄道が走っている。いちばん高いガレラ駅の標高は4781メートルで、首都リマの標高は150メートルだ。

高低差がありすぎるため、車内には高山病対策として、酸素ボンベが無料で貸し出しされている。観光地以外の交通の不便な山岳地帯では、今もリャマは頼りになる輸送手段だ。

ペルーも南米諸国の例にもれずカトリック教徒が多い国だが、内陸では先住民の民族信仰とキリスト教の文化が入り混じっている。そのためクスコ周辺では、白人風ではなく先住民と同じく浅黒い肌のキリスト像が掲げられている。

クスコ県に属するチュンビビルカ郡のクリスマスはなかなか独特だ。腕自慢の男たちが1対1で殴り合って、1年のもめごとを清算する「けんか祭り」がある。観衆も「よっしゃ、やっちまえ！」とばかりに盛りあがる。先住民の伝統の習慣とクリスマスの祭りとが結びついたらしいが、何とも物騒なクリスマスだ。

ほかにも、先住民のあいだでは古くからパチャママという大地の女神が信仰されており、現在では聖母マリアと同一視されることもある。アンデスの民は古くからパチャママに果物やパンなどの供物《くもつ》を捧げてきたが、現代でもお茶やお酒などを飲むときは、まず大地に垂らしてパチャママにお裾分《すそわ》けする習慣があるのだ。

世界の蝶の2割が生息する密林地帯

アンデス山脈を越えた内陸にはセルバ（熱帯多雨林）が広がる。山岳地帯とはうって変わって、平地に熱帯多雨林（ジャングル）があり、気候は雨が多くて蒸し暑く、夏の気温は40度を超えることもある。

自然の豊かなセルバは、ワニや巨大なねずみのカピバラなどさまざまな生き物が

● 3つの地域に分けられるペルー

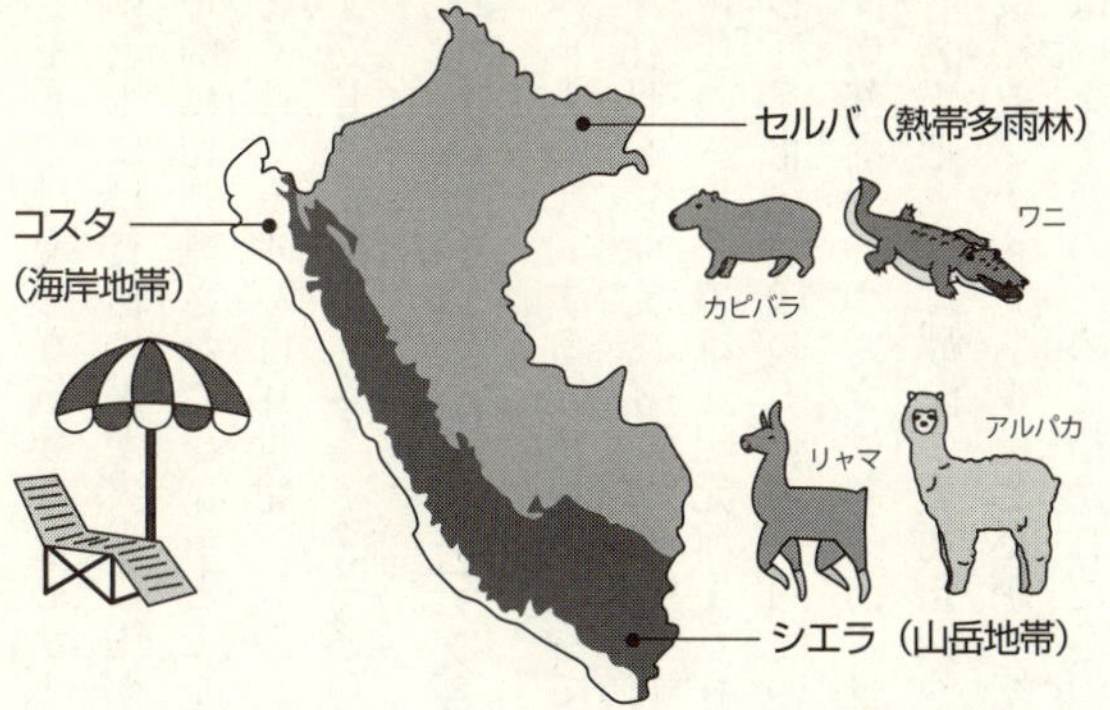

海岸沿い、山岳、熱帯多雨林と、ひとつの国でまったく異なる地勢をもつ。

いる。草木やキノコなどじつに6000種もの植物があり、世界に1万6000種いる蝶のうち20％の種が見られるという。セルバでは食材も多様で、主食はトウモロコシだが、バクの肉やサルの肉を使った料理もある。

セルバの代表的な都市であるイキトスは、アマゾン川に面する町だ。にごった川の岸には昔ながらの平屋の水上家屋やカヌーが並び、市内の交通には自動車よりもバイクの後ろに大きな座席をつけたモトタクシーが使われている。

また、セルバに面するアマゾン川流域では稲作も行なわれており、南米というよりベトナムなどの東南アジアの町にちょっと似た印象だろうか。

シエラと同じくセルバにも先住民が多いが、寒冷で人のまばらなシエラにくらべて、セルバは温暖な気候のためかオープンな性格の人が多いという。

中南米には貧富の差が大きな国が多いが、ペルーも同様で、コスタの大都市から地理的に切り離されたシエラとセルバは貧困層が多数派だ。

とくに、セルバは19世紀に天然ゴム農園が栄えたが、内陸なので農産物の輸送がむずかしく、東南アジアで安く天然ゴムが栽培されるようになり、さびれてしまった。

今も謎だらけのアンデス文明

ペルーを代表する観光地となっているマチュ・ピチュ遺跡やナスカの地上絵は、15～16世紀に栄えたインカ帝国をはじめとするアンデス文明の遺産だ。

古代のペルーでは、紀元前1000年ごろから沿岸部で漁業やマメ類の栽培が行なわれ、北部沿岸のモチェ、内陸のティワナクなどに都市国家が築かれた。なかでも、南部沿岸のナスカは紀元前1世紀から紀元後8世紀ごろに栄えた地域だ。同地の有名な地上絵は砂漠の表面を掘って動物や幾何学模様を描いたもので、描線の深さは10センチメートルほどだが、乾燥がちな気候のため1000年以上も残った。とはいえ、何のために描かれたものなのかは、今もわかっていない。

ペルーが誇る空中都市「マチュ・ピチュ」。ペルーを訪れる人はかならず訪れる。

15世紀には強大なインカ帝国が出現し、現在のコロンビアからチリ、アルゼンチンにまたがる広大な地域を支配した。アンデス山中のクスコに都を築いたインカの皇帝は、太陽の神インティの化身とされている。

クスコ北西のマチュ・ピチュ遺跡は、かみそりの刃も入らないほどにきれいに石材が組まれ、インカ帝国の驚くべき建築技術を現代によく伝えている。だが、インカ帝国では情報伝達のための文字も、運搬に役立つ部品である車輪も使われていなかった。いかにして巨大な遺跡を築き、広大な帝国を支配したのか、今も謎が多い。

16世紀初頭にスペインの軍人ピサロら

●ペルーのおもな世界遺産の分布

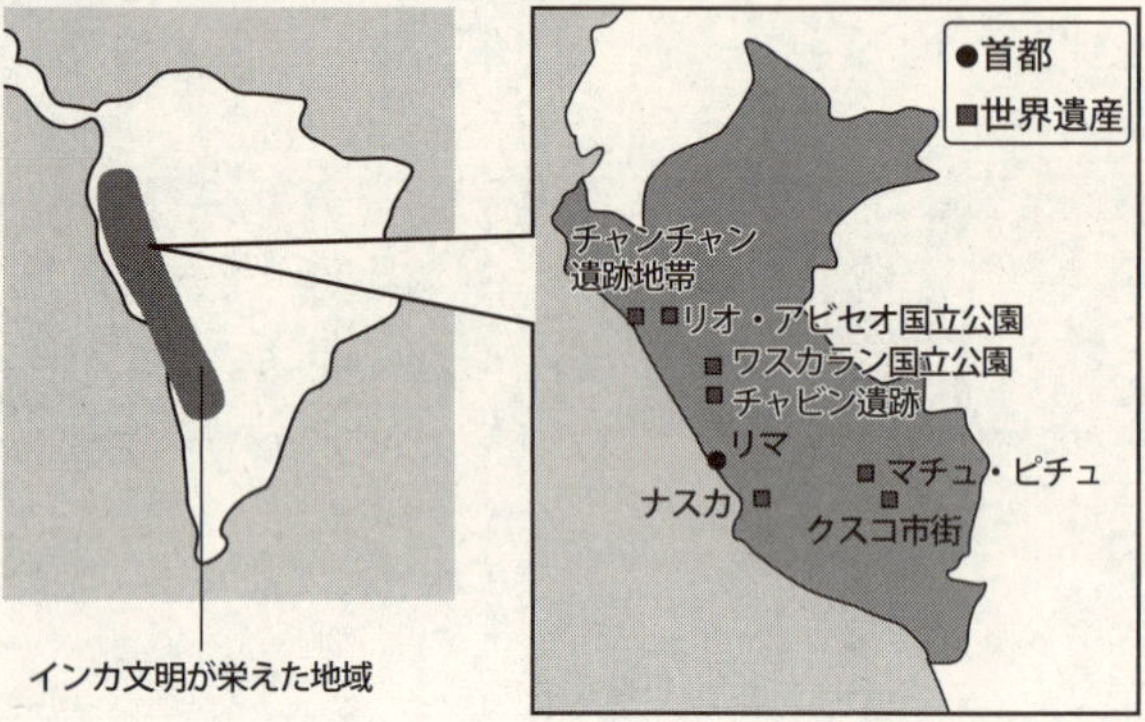

インカ文明の遺跡をはじめとした文化遺産が各地にある。

が入植してくると、インカ人はさしたる抵抗もせず、帝国は崩壊し、最後の皇帝トゥパク・アマルは1572年に処刑されてしまった。

なぜ、抵抗らしい抵抗をしなかったのか？　じつは、インカ人ははじめて見た白人を神の使いと誤解して逆らおうとしなかったためだといわれる。また、白人の侵略ばかりでなく、インカ人は白人のもち込んだ伝染病に免疫がなかったため病死者が続出して帝国の崩壊を早めたという見方も有力だ。

現代に受け継がれるインカ魂

インカ文明の名残りはペルー人の身近にも見られる。たとえば、ペルーでもっとも飲まれている炭酸飲料は、その名をずばり「インカコーラ」という。名前こそコーラだが黄色なのだ。現在では着色料を使っているが、もともとレモングラスを使った飲料だった。インカ人が崇《あが》めた太陽の神を思わせる色合いというわけだ。

16世紀にインカ帝国が滅んだあと、ペルーの先住民はスペイン人に支配され、農場や鉱山で奴隷のように働かされた。だが、インカの魂はその後も引き継がれる。

1780年、クスコの有力な農民だったホセ・ガブリエル・コンドルカンキが、インカ皇帝の血を引いているとトゥパク・アマル2世を名乗り、先住民の貧困層を中心とした大規模な反乱を起こした。反乱はスペイン軍に鎮圧されたものの、しだいにスペイン人の支配がゆらぎ、1821年にペルーは独立を果たす。

その後もペルーでは、富裕なスペイン系白人と貧困層の先住民の格差が解消されずに残った。

1980年代にはインカ最後の皇帝の名を掲げた反政府組織のトゥパク・アマル革命運動（MRTA）が結成され、山岳部の貧困層の支持を集める。ペルーの内陸では1990年代まで、このMRTAなどのテロ団体が、要人の誘拐やゲリラ活動を行なっていた。

しかし、しだいに先住民の生活や教育をめぐる環境は改善され、2001年には先住民出身のアレハンドロ・トレドがペルー史上ではじめて大統領に就任。現在はテロや組織的な凶悪犯罪も沈静化している。

中南米初となる日系人の大統領

ペルーは日本が最初に国交を結んだ中南米の国だ。明治初年からわずか5年後の1873年のことで、横浜に寄港した船からペルーに向かう中国人移民が脱走するという偶発的な事件がきっかけになっている。

19世紀中ごろに奴隷制度が廃止されたペルーには、農場の労働者として中国系移民が大量に導入され、1899年から日本人の移住もはじまった。初期の移民は、日本国内での大工仕事の倍の日当がもらえるという条件で勧誘されたが、実際には求人票通りの賃金が出なかったり、食料を買える場所がかぎられていたり、ブラック企業のような環境の農場で苦労させられた人も少なくなかったようだ。

現在、日系ペルー人は10万人にもおよぶ。移住当初は現地住民との衝突もあったが、移民2世、3世はすっかりペルー社会に定着した。都市部には、中国系移民のもち込んだ中華料理と並んで、寿司やてんぷらなどの日本料理の店も多く、日系人の広めたしょうゆも調味料としてよく使われている。

1990年には日系2世のアルベルト・フジモリが、ペルーのみならず中南米ではじめて、日系人の大統領となった。フジモリ大統領はインフレの改善やテロ対策で成果をあげたが、不正選挙の発覚により2001年に失脚する。しかし、現在も娘のケイコ・フジモリが政界で広く支持を集めている。

ペルー人にとっても日本は身近な国だ。標高3810メートルのチチカカ湖には、湖面にわらでつくった島を浮かべ、その上に家を建てて生活しているウル族がいるが、ここでは近年、日常生活用の発電源として日本製の太陽電池が重宝されている。アンデス奥地の部族にまで日本人のつくったものが親しまれているとは、ちょっと不思議な感覚だ。

南北アメリカ大陸の先住民の先祖は、もともとシベリアのベーリング海峡を渡って来たアジア人なので、どこか日本人と顔も似ている。

〈ペルーの代表的人物〉

マリオ・バルガス・リョサ（1936年－）

ペルー南部アレキパ出身の小説家。2010年にノーベル文学賞を受賞した。上流階級から先住民までさまざまな階層の人々を描いた作品を発表している。代表作に『都会と犬ども』『緑の家』『世界終末戦争』など。1990年には、大統領選に出馬してアルベルト・フジモリに敗れた。

コロンビア

国民の一人ひとりがハッピーに暮らす国

首都は標高2640メートル

ぶっちゃけてしまうと、ブラジルなどほかの南米諸国にくらべ、コロンビアの印象は薄いほうだ。しかし、「サンタマルタ」や「エメラルドマウンテン」と聞けば、コーヒー好きの人はピンとくるだろう。缶コーヒーの銘柄となっているからだ。サンタマルタは、北部の港町の名前でもあり、サンタマルタ山脈一帯で生産されるコーヒー豆のこと。同様にエメラルドマウンテンも、標高1700メートル以上の高地でしか生産されない高級銘柄だ。

国土は高低差がはげしく、北西のパナマを境に太平洋とカリブ海に面し、西のアンデス山脈には4000メートル級の山が並び、万年雪におおわれている。

内陸部はアマゾンの熱帯雨林がおいしげり、ベネズエラに近い東側は、「リャノ」

Hi♥
SHuu...
醜い自分はイヤで、美への追求に余念がない。
エメラルドの産地だけあって、宝石が好き。
スタイル抜群！体のお手入れに金と時間は惜しまない。

と呼ばれる広大な熱帯草原が広がっている。一方、カリブ海側のカルタヘナは、スペイン統治時代の建物が多く残り、高級リゾート地としてにぎわう。

赤道直下で1年中気温が変わらず、海沿いはひたすら暑く、山地はひたすら寒い。コロンビアには四季の概念というものがないが、地域によっては夏から冬を1日で体感できてしまう。旅行バッグには、水着と防寒着の両方が必要になりそう。

では、どこが過ごしやすいのかというと、標高1000~3000メートルあたりの準高地。このあたりまで来ると、暑さも寒さも和らいで常春状態だ。朝晩の温度差ははげしいものの、年間平均気温は18~20度と快適な環境になるのだ。

首都ボゴタは、標高2640メートル地点にあるが、これは世界で3番目に標高の高い首都。富士山の五合目よりも高い。そのほかの主要都市はアンデスの裾野にあって、人口の80%がこの地域に住んでいる。

コロンブスにちなむ文化の名残り

南北アメリカ大陸にはコロンビアと名のつくものが多い。アメリカのワシントンDCの正式名称は「コロンビア特別区」で、複数の州にコロンビアという名前の町がある。ニューヨークにあるコロンビア大学、映画会社のコロムビアも表記は同じ。

コロンビア共和国

DATA

首都	ボゴタ
人口	4770万人（2012、世界銀行）
面積	113万9000㎢（日本の約3倍）
民族構成	混血75%、ヨーロッパ系20%、アフリカ系4%、先住民1%
言語	スペイン語
宗教	カトリック90%、プロテスタント5%、その他5%
政体	立憲共和制
名目GDP	約3818億米ドル（世界30位、2013、世界銀行）
独立年	1810年（スペインより。1886年、コロンビア共和国成立）
国歌	ああ、不滅の栄光よ！

カナダにもブリティッシュコロンビア州がある。

じつは、「コロンビア」とは「コロンの土地」という意味で、アメリカ大陸を「発見」したクリストファー・コロンブスにちなんでいる。

かってはアメリカ大陸全体を「コロンビア」と呼んでいたこともあり、北も南もコロンブスにあやかった名前が多いのだ。コロンビア最高峰のクリストバル・コロン山（標高5700メートル）も、コロンブスをスペイン語読みしたものだ。

コロンビアのあたりは、スペイン植民地時代はヌエバ・グラナダと呼ばれていた。それが1810年に独立宣言。さらに1819年、解放者シモン・ボリバルらの独立運動により、現在のコロンビア、ベネズエラ、パナマ、エクアドル、さらにブラジルやペルーの一部も加わった大（グラン）コロンビアが誕生する。しかし、内紛が絶えずにわずか12年で分裂。最後に残ったヌエバ・グラナダがコロンビアの名を受け継ぎ、コロンビア合衆国を経てコロンビア共和国へと変わっていったのだ。

紆余曲折があった国だけに、国民も白人、黒人、インディヘナと呼ばれる先住民が混在。混血化が進んだ結果、人口の約75％はメスティーソ（混血）だ。

宗教ではカトリック教徒が90％を占め、しかも南米の中ではきわめて熱心だ。なんとキリスト教系の祝日が毎月あったりする。復活祭の46日前に行なわれる「灰の水曜日」には、灰で額に十字架を描いて会社に行く。クリスマス前のノベナ（9日間の祈り）は、親戚や友人を招いて連日連夜パーティーが開かれている。

⚽幸福度では世界一、今を楽しむ生き方

コロンビア人の性格も、ほかの南米諸国と同様に明るく享楽的。「いつ楽しむの？ 今でしょ！」と、楽しめるときに楽しまないと、という考えが定着している。

その象徴のひとつに、振り付けがセクシーなダンス音楽のサルサがある。サルサが流れるクラブで、出会ったばっかりの相手とも妖艶に絡み合い、そのままふたりっ

●日本人とコロンビア人の幸福度

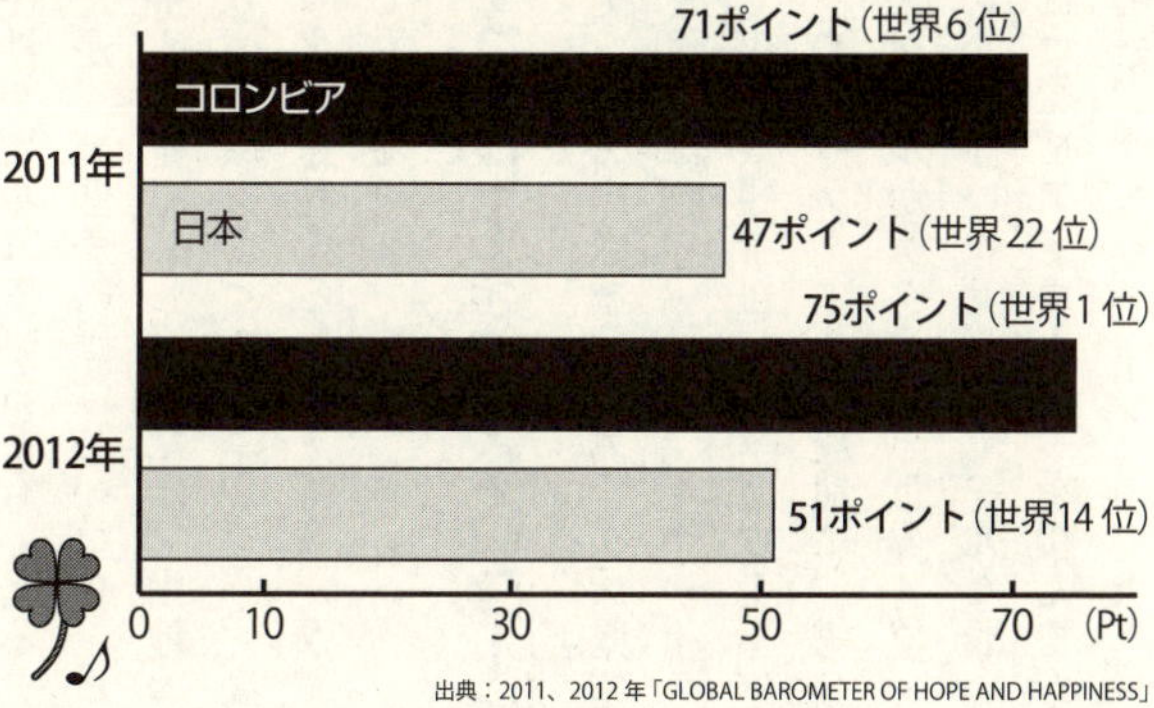

出典：2011、2012年「GLOBAL BAROMETER OF HOPE AND HAPPINESS」

日本人よりコロンビア人のほうが、「自分は幸せ！」と感じている。

きりの時間を楽しみ「ところでキミの名前は？」と、エッチのあとにお付き合いがはじまることもある。

そんなコロンビア女性は美人ぞろい。世界の主要美人コンテストでは上位の常連で、とにかくミスコンが好き。

少女のうちから「ミスコンごっこ」をする。市町村ごとに「ミスジャガイモ」「ミスタマネギ」など、ご当地セニョリータ（ミス）が選ばれるなど、自治体主催のミスコンが年間３００回も開かれるという。

国民全体の幸福度は高く、世界の幸福度ランキングで毎年上位にランクインし、２０１２年には世界一幸福度の高い国となった。「問題があっても気にしない」、「自分と他人をくらべない」そんな国民性が現われているともいえる。

だが、高低差のはげしいコロンビアでは、人柄にも地域差が出る。海沿いの人は好奇心旺盛で話し好きだが、山地の人はちょっと慎重。エストラートという制度があり、地域によって税率が違う。高級住宅街に住む人からは多く税金を取り、貧困エリアに還元するという制度だが、貧困層と富裕層が完全に住み分けられた格差社会でもある。

⚽コーヒーを飲めないコーヒー大国

アンデス山脈を望むカルダス県、リサラルダ県、キンディオ県はコーヒー三角地帯とも呼ばれ、これにバジェ・デル・カウカ県を加えた一帯は、「コロンビアコーヒーの文化的景観」として、2011年に世界文化遺産に登録された。

約90万ヘクタールの農地に、約2万4000軒ものコーヒー農園があるというからスケールがケタ違い。世界4位の生産、輸出量を誇る（2013年統計）。

しかし、コロンビアでそんなおいしいコーヒーを飲める機会はほとんどない。コロンビアでコーヒーを頼んでも、出てくるのはインスタントコーヒーばかり。

じつは、プランテーション（大農場）で栽培したコーヒー豆はほとんどが輸出され

●中南米にあるコーヒー豆の生産国と各産地の味の特徴

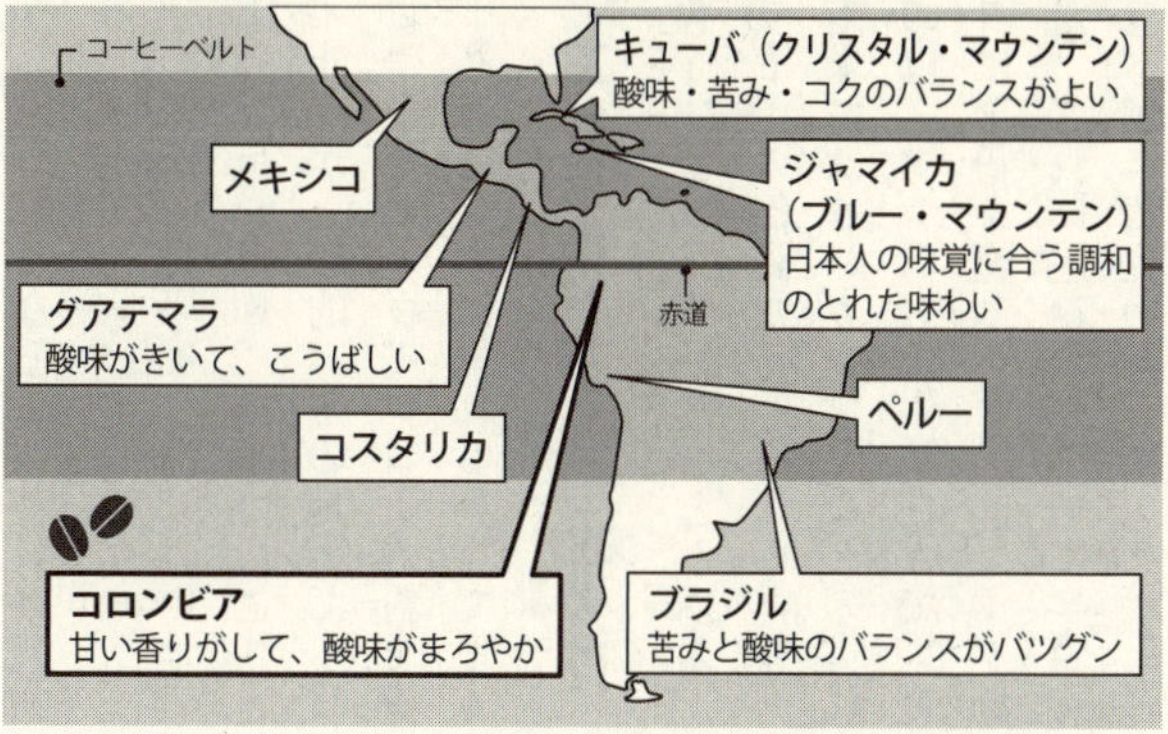

コロンビアをはじめ、コーヒーベルト上の中南米諸国では豆が生産されている

てしまい、国内には品質の低い豆しか残っていないのだ。

なかでも高級な豆は、日本に輸出されているといわれる。ちょっとコロンビアの人たちに悪いような気もするが、コロンビアの飲み方は濃い目のコーヒーに砂糖をたっぷり入れたもの。味は昔の缶コーヒーのようで、豆の質にこだわる必要がないともいえる。

クラブなどではおもにビールを飲み、その次にアグアルディエンテがよく飲まれる。これは「焼ける水」という意味で、サトウキビを原料にした焼酎のこと。コロンビア焼酎は、アニスというセリ科の葉で香りづけされており、コロンビア人ですら「最初の1杯目はまずいけど2杯目からおいしくなるよ」という代物だが、安いので人気がある。つまみの定番はバナナを揚げた「パタコン」だ。

そのほかの食事は、海に近い地方では、「アロス・コン・カマロン（海老ライス）」のような魚介料理、高地ではご飯と豚の腸詰や皮焼きを一緒に盛った「バンデハ・パイサ」が一般的。どの地方でも食べられているのは米、ジャガイモ、そしてトウモロコシだ。トウモロコシの粉を練ったパンに、肉や野菜を入れて揚げた「エンパナーダ」は、中に入れる具材で地方色が出る。

エメラルド王が日本人!?

もうひとつ、聞いたことがあるかもしれないフレーズが、南米の黄金郷「エル・ドラド」の伝説だろう。このエル・ドラドがあったとされるのがコロンビアだ。

南米にはインカやマヤなどの古代文明があったが、エル・ドラド伝説のもととなったのは、アンデス山中に住んでいたムイスカ族だという。ムイスカ族では、族長が全身に金粉を塗り、グアタビータ湖に黄金の奉納品を沈めるという儀式を行なっていた。これに尾ひれがついて「黄金の人（エル・ドラド）」の伝説が広まったのだ。

日本が「黄金の国ジパング」と呼ばれていたのと同じで、大航海時代には西も東

●世界のエメラルド産出量に占めるコロンビアの割合

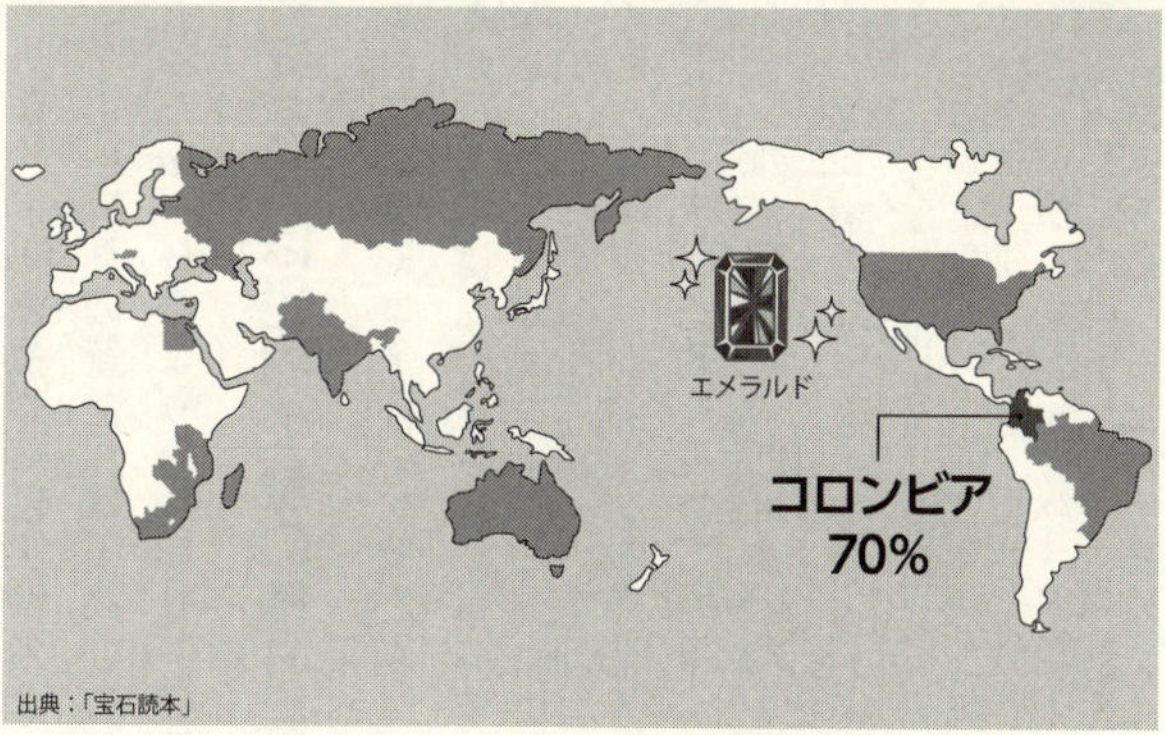

エメラルドといえばコロンビア、といわれるほどの産出量を誇っている。

も黄金を求める船乗りたちでごった返していた。

現在、グアタビータ湖は立入禁止で、エル・ドラドは伝説のままとなっている。そんな黄金に代わって人々を魅了しているのがエメラルド。コロンビアは、世界生産量の70％近くを占めるエメラルド大国なのだ。そんなエメラルドの国で大成功を収めた日本人がいる。埼玉県出身の早田英志氏は、１９７５年にコロンビアに渡ってエメラルド発掘事業をはじめ、現在では、複数の会社を経営するエメラルド王となった。

ゲリラに狙われ、娘を誘拐されかけ、対立する鉱山業者とは抗争となるなど波乱万丈だ。その半生は、自身がプロデュース、監督、主演を務めた自伝映画にも描かれた。なんと、実際にゲリラのいる山で撮影し、小道具の銃器類は、高いモデルガンよりも安い本物を使ったという型破りな人物だが、日本よりコロンビアのほうが性に合っていたのかもしれない。

麻薬王は世界7位の億万長者

エメラルドやコーヒー、ほかにはバラなどが主要産業として挙げられるコロンビアだが、いちばんの基幹産業はコカインの栽培といえるかもしれない。

コロンビアの政治は保守党と自由党の2大政党制で、大統領が国家元首となる。しかし、地方ではコロンビア革命軍（FARC）、国民解放軍（ELN）といった左翼反政府ゲリラが活動を続けている。これらの資金源となっているのがコカインだが、コカインの利権はすべて麻薬組織（麻薬カルテル）が牛耳っている。

かつて「麻薬王」として名をはせたパブロ・エスコバルは、1989年の米誌『フォーブス』の世界長者番付7位にランクインしたことがあるほどだが、コロンビアの輸出品収入の合計と、コカイン密輸の収入はほぼ同じとまでいわれている。これに対して右翼系集団のパラミリターレスは自警団を組織。両者のあいだではげしい戦闘が起こることさえある。

農村部ではゲリラから村を追い出され、国内を流浪することになった難民が370万人以上もいる。ベネズエラなど隣国に避難を余儀なくされた人々も40万人に達する。

90年代には犯罪発生率で世界一となり、1日の殺人被害者は70人、2時間半に1回のペースで誘拐事件が発生。しかも、犯人の90%が逮捕されないという無法ぶり。都市部でも、強盗、スリ、置き引きなどが日常茶飯事で、観光には勇気のいる場所だった。

21世紀に入って、自由党系のウリベ大統領が就任すると、本格的な治安維持に取り組み、犯罪件数を大幅に減らすことに成功している。2014年現在のサントス大統領も治安維持を優先し、反政府ゲリラとの和平交渉にも着手している。

もっとも治安の良い日本とくらべれば、依然として犯罪大国なのは確かだ。

〈コロンビアの代表的人物〉

ガブリエル・ガルシア＝マルケス（1928年－2014年）

作家。高校時代から小説家を志し、大学中退後、新聞記者などで生計を立てながら執筆活動を続ける。1967年に出版された『百年の孤独』がベストセラーとなり、日本の映画監督や文学者にも大きな影響を与えた。82年にノーベル文学賞を受賞している。

チリ

がまん強くて慎重な、中南米きっての優等生

砂漠からツンドラまでが詰まった国

国土が極端に細長い国として知られるチリ。その横幅は平均175キロしかないが、南北の距離はじつに4270キロと、日本列島の1・5倍もある。当然、それだけ南北で気候も多様だ。北部に広がるアタカマ砂漠は、年間平均で350日が晴天という乾燥地帯で、星がよく見えるため世界でも屈指の天文台が集まった場所になっている。かと思えば、南極大陸と向かい合う南端部は年間平均気温がわずか6度しかない亜寒帯のツンドラ気候で、ペンギンが生息している。

謎に包まれたモアイ像のあるイースター島も、チリ領だ。本土から3700キロもはなれた太平洋上にある。像の高さは最大20メートルにもなり、約1000体ものモアイ像は、だれが何の目的でつくったのかわかっていない。

チリ共和国

首都	サンティアゴ
人口	1746万人（2012、世界銀行）
面積	75万6000㎢（日本の約2倍）
民族構成	スペイン系75%、その他の欧州系20%、先住民系5%
言語	スペイン語
宗教	カトリック（全人口の88%）
政体	立憲共和制
名目GDP	約2770億米ドル（世界39位、2013、世界銀行）
独立年	1818年（スペインより）
国歌	Himno Nacional de Chile（チリの国歌）

国名から香辛料のチリペッパー（chili pepper）を連想する人もいるだろうが、つづりは「Chile」で直接の関係はない。チリという名の由来は現地の先住民であるケチュア族の言葉で「寒い」という意味、あるいはアイマラ族の言葉で「地の果て」という意味だともいわれ、諸説がある。

マジメで地味な国民性

チリ人は中南米のなかではマジメなタイプだ。中南米では公務員の汚職が日常茶飯事だが、チリでは警官にワイロをわたして罪を逃れようとすると「バカ者、贈賄罪で逮捕だ！」とすぐに捕まる。

たとえば、ブラジル人はひたすら明朗

で派手なファッションを好み、白人の多いアルゼンチン人は、ほかの南米の国の人よりちょっと偉そうで高慢だとされるが、チリ人は町を歩いている人の服装もどちらかといえば地味。レストランの店員なども外国人に対しての言葉づかいが丁寧な人が多いという。

おとなしい気質の人が多いのは、国内に人種や民族の衝突があまりないためかもしれない。チリは白人と先住民があまりくっきり分かれておらず、先住民の多い南部を除くと、人口の約95％が白人と先住民の混血（メスティーソ）だ。また、黒人奴隷を使う大農場がそれほど多くなかったので、アフリカ系の人は少ない。

チリは中南米では貧富の差も小さく、比較的に治安もよい。教育や報道メディアの発達も早く、１８２７年には中南米で最初の新聞が創刊されている。

昔から南米では、少数の金持ちの白人の大地主が、多くの貧しい先住民や黒人奴隷を働かせる大農場が多かった。しかし、チリは銅と硝石《しょうせき》の鉱山が代表的な産業であり、鉱山では早くから労働組合が発達したため、社会保障制度も進んでいる。

今もチリ人は「鉱山の国」としての誇りが根強い。２０１０年に北部サンホセの鉱山で33人の鉱夫が地中に閉じ込められた事故で、国を挙げての救出作戦がはじまると、国民が北から南まで一体となって応援。全員が無事救出された直後の街頭で

●チリで生産される鉱物資源とそのおもな用途

種 類	世界の生産量に占める割合	用 途
銅	34%（世界1位）	電気器具の配線、銅線など
リチウム	35%（世界1位）	陶器、ガラス、電池など
レニウム	52%（世界1位）	フィラメントなど
ヨウ素	62%（世界1位）	レントゲンの造影剤、工業用触媒など
モリブデン	17%（世界3位）	ハイブリッドカーの電子基板など
セレン	3.1%（世界6位）	カメラの露出計、ガラスの着色剤など

出典：2011年『Mineral Commodity Summaries』

機械製品などに使われる鉱物の生産、輸出がチリの経済を支えている。

は、テレビの取材を受けた若い女性が「鉱山の男はサイコーよ！」と熱狂的に叫んでいたぐらいだ。

1万7000キロはなれた日本の隣国

チリは「3つのWの国」と呼ばれ、これは、快適な気候（Weather）、うまいワイン（Wine）、美しい女性（Woman）の3つを指している。

首都サンティアゴを含む中部は夏の平均気温が25度ほどでカラッとして過ごしやすい。ヨーロッパの地中海に似た気候でぶどうの栽培にも向いているため、ワインの名産地となっている。そして、美人が多い背景には、先住民のほか、古くからスペイン系、ドイツ系、イギリス系など各種の移民が入りまじってきた点があるようだ。

これら3つのWに加え、チリの特産物といえるのが魚介類だ。現在、日本の寿司店でよく目にするオレンジ色のサーモンの多くはチリ産だ。2012年のチリからのサケ・マス類の輸入量は20万トンにもおよんだ。

もともとチリにサケ・マス類はいなかったが、日本の商社による養殖が大成功して大量輸出されるようになった。このためか、日本人と聞けば「魚をよく食べる国の人」と言う人もいるという。

チリ人は肉もよく食べるが、沿岸部では魚や貝やエビやウニなどのシーフード料理が多い。サンティアゴの大きな魚市場が名物だ。とくによく食べられているのはアナゴだが、日本のものより肉厚で白身魚のような感じだという。

チリから北のペルーにかけての南米大陸の太平洋岸は、世界有数の漁場だ。沿岸にはすぐ南北に細長い海溝があるが、偏西風で海面がかき混ぜられて深海の栄養分が海面にわき上がるため、多くの魚が集まっている。

だが、海溝のある場所は地殻プレートの狭間なので、地震や津波が発生しやすい。そう、太平洋側にすぐ海溝がある日本とそっくりな地質環境なのだ。

1960年に5万7000人もの死者を出したチリ地震が起こったときは、太平洋を

●日本に輸入されるサーモンの割合

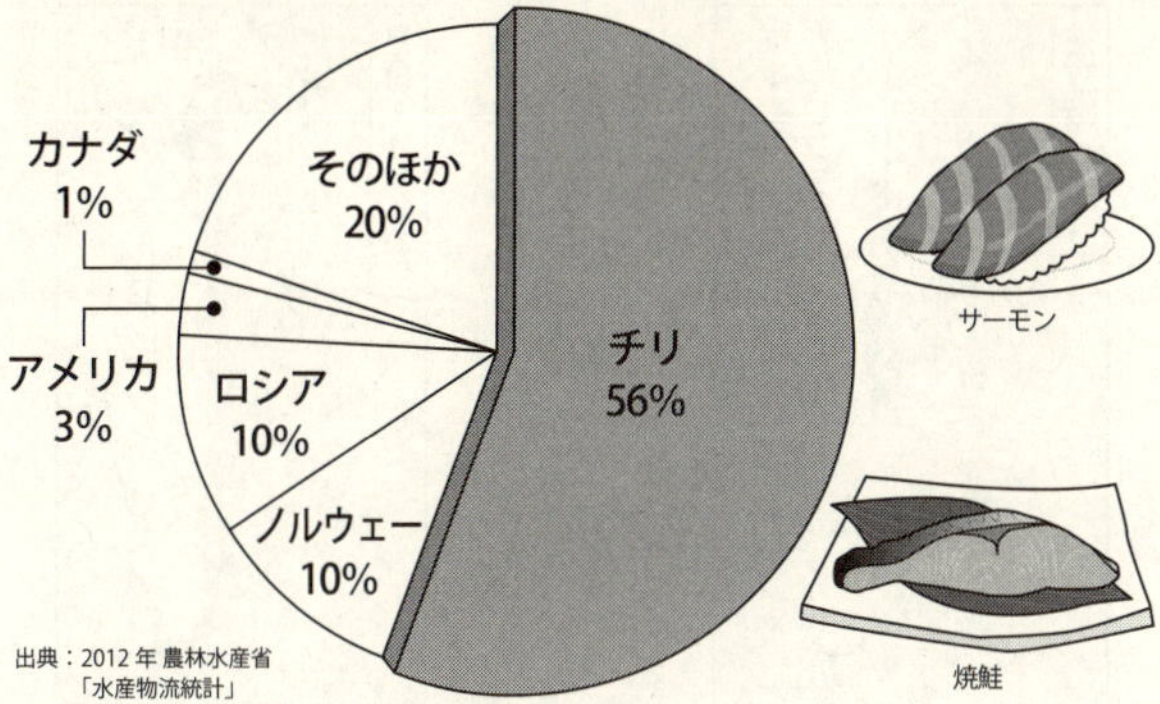

日本人が口にするサーモンの多くはチリ産だ。

遠く隔てた日本の太平洋岸にも津波が押し寄せた。逆に2011年の東日本大震災が起きたときは、チリ沿岸にも高さ2メートルの津波が到達した。

そんなわけで、日本の公共機関ではチリと共同で地震・津波対策を進めている。こう考えると、太平洋を挟んで1万7000キロもはなれたチリも日本の「隣国」なのだ。

二国相手の戦争でさらに細長い国に

チリの国土が南北に細長いのは、南米大陸を縦に走るアンデス山脈を隣のアルゼンチンとの国境にしているからだが、独立時は南北の国土の長さが現在の3分

●チリの独立時の国土と現在の国土

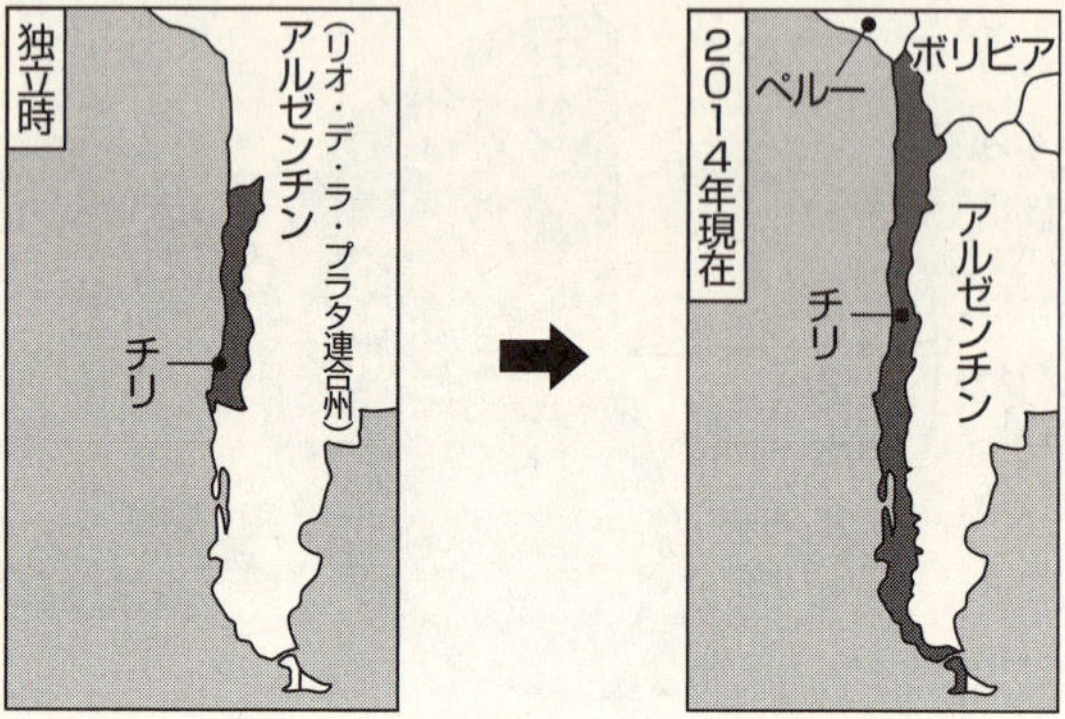

もともと細長くはなかったが、戦いに勝利して南北に領土を広げていった。

の1程度だった。北部はもともとボリビアとペルーの領土だった。チリとこの二国は鉱山の利権などをめぐって1879年に戦争となり、チリが勝利して北部の領土を得たのだ。

　結果、ボリビアは沿岸部の領土を失い、内陸国となってしまったため、チリ人のことを心よく思っていない。

　この戦争は南米の太平洋岸が舞台になったので「太平洋戦争」と呼ばれる。日本人にとってはややこしい名前だ。

チリにも「9・11事件」

　チリでは1970年にアジェンデ大統領が、世界ではじめて革命ではなく民主的選挙による社会主義政権を築いた。ところが、73年9月11日に軍事クーデターが発生する。

ややこしい話だが、チリ人にとって「9・11」といえば長らく、アメリカで2001年に起こったテロ事件ではなくこの事件のことだった。

以降はピノチェト将軍の軍事政権が続くが、海外に亡命した映画監督のミゲル・リティンは、85年にこっそり再入国して独裁体制のドキュメンタリーを撮影した。これには、チリ国内の上流階級から貧困層まで多くの人が協力している。

チリ人がただ独裁におとなしく従うだけか、あるいは無鉄砲なだけだったら、リティン監督はあっさり逮捕されていただろう。チリ人の慎重さと大胆さがよく現われたエピソードだ。

中南米の国ではたびたびテロやクーデターが発生するが、チリは1990年に選挙で軍事独裁から民主政治に移行してからは、平穏な状態が続いている。

〈チリの代表的人物〉

パブロ・ネルーダ (1904年－1973年)

チリ中部パラル出身の詩人。ロマンチックな詩から南米の権力者と底辺層の闘争の歴史を歌った社会派の作品まで幅広い。1971年にノーベル文学賞を受賞した。外交官、上院議員も務め、反骨気質が強く、73年のクーデターには抵抗したが急死した。

ベネズエラ

石油の恩恵を背景に
反米を貫き通す

ギアナ高地を抱えた南米大陸最北の国

アメリカ大陸の語源となったイタリアの探検家アメリゴ・ヴェスプッチは、探検中に湖上で暮らす先住民を見て、この地を「ヴェネチア（ベニス）」に例えた。ベネズエラとは「小さなヴェネチア」という意味だ。

南米大陸の最北にあり、カリブ海に面した海岸沿いのビーチリゾートのほか、内陸部にも見どころが多い。南部に広がるギアナ高地には、台形状のテーブルマウンテンが連なり、頂上部の最大面積が東京都の3分の1もある山も存在し、約20億年前の地層がそのまま残されている。そこは、下界とは隔絶した別世界なのだ。めずらしい動植物が多く、冒険小説の舞台としても描かれてきた。このギアナ高地の一角にあるアンヘルの滝（エンジェル・フォール）は、落差979メートル！

ベネズエラ・ボリバル共和国

首都	カラカス
人口	約2990万人（2012、世界銀行）
面積	91万2050㎢（日本の約2.4倍）
民族構成	混血66%、白人22%、黒人10%、先住民2%
言語	スペイン語
宗教	カトリック76%、プロテスタント2%、その他22%
政体	共和制
名目GDP	約3740億米ドル（世界31位、2013、世界銀行）
独立年	1830年（大コロンビアより分離独立）
国歌	勇敢なる人民に栄光を

世界一の高低差を誇り、雨のように水流が降り注ぐ。あまりの高低差で水が拡散してしまうため滝つぼができないほどだ。

コロンビアに近い西のメリダ山脈にあるケーブルカーは、全長12・5キロと世界一の長さで、頂上からは国内最高峰ボリバル山（標高5007メートル）などアンデスの山々を一望できる。

独裁国家でも強い愛国心

ベネズエラ人と話すときは、距離の近さに戸惑いそうだ。初対面の相手にも「アミーゴ！」と気さくに声をかけ、グイグイ近づく押しの強さ。これが男女のこととなると、さらに情熱的に口説いてくる。ただ、相手がちょっとでも距離を取るような態度を見せると、嫌われていると思って落胆してしまう。思い込みのはげしい一面がありそうだ。

もっとも、男女ともにあまり一途とはいえず、二股、三股は当たり前。バスが遅れても気にせずに世間話をするし、スーパーのレジ係が携帯をいじっていても、メールを打ち終わるまで並んで待っているなど、ルーズな一面もある。

そんなベネズエラ人だが、愛国心の強さはどの国にも負けない。「自国に誇りを感じるか？」という質問に対して、ベネズエラでは97％以上が「誇りを感じる」と答えている。同じ調査で日本は54％。貧富の差が大きく、民衆の多くはスラム街で暮らし、中南米で1、2を争う犯罪の多い国だが、国を愛する気持ちは強いのだ。

反米を一貫した名物大統領

ベネズエラ人の代表ともいえるのが、2013年まで大統領だったウゴ・チャベスだろう。国連総会で、当時のアメリカ大統領ブッシュ・ジュニアを「悪魔」と呼び、事あるごとに「酔っぱらい」や「麻薬売人」などとこきおろして、反米国家から喝さいを浴びた。

チャベスは南米を植民地支配から解放した英雄シモン・ボリバルに心酔しており、

● 自国民であることを誇りに感じている国民の国別割合

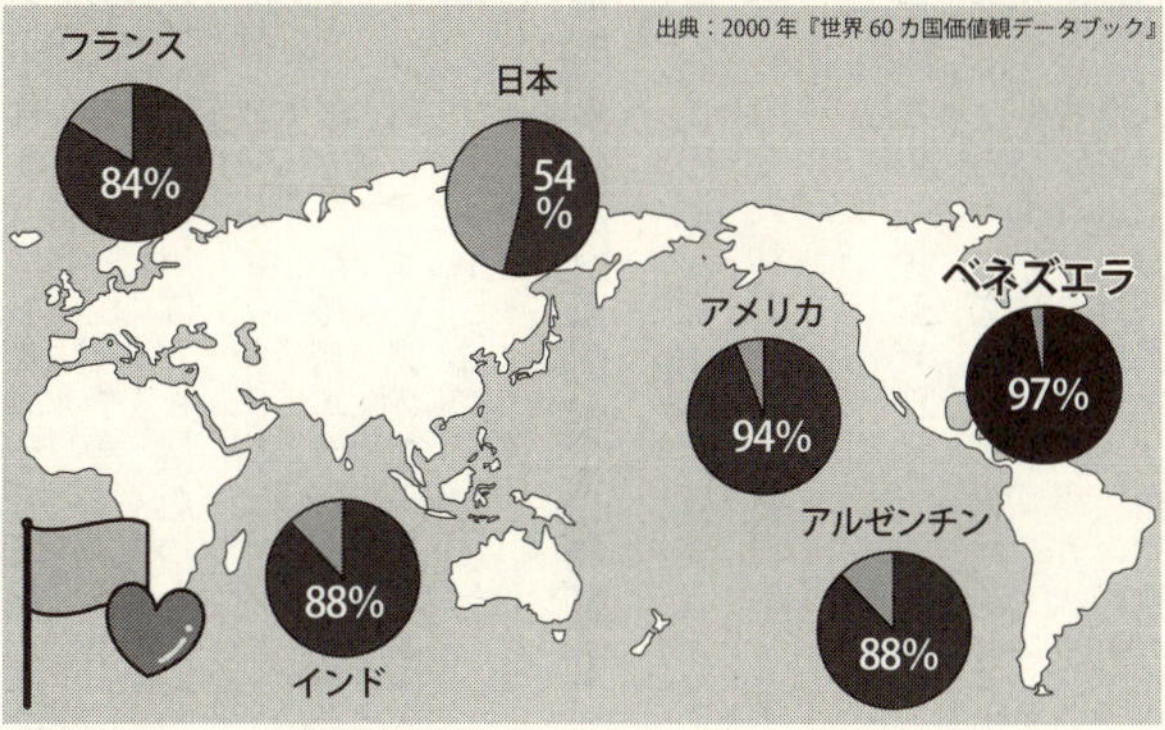

ベネズエラでは、ほとんどの国民が自国を誇りに感じている。

1999年に就任すると、国名を「ベネズエラ・ボリバル共和国」に変更。また、州の数を示した国旗の星を7つから8つに増やしている。これは、独立国であるガイアナを自領として数えたためで、当然、ガイアナをはじめ周辺諸国の反発を招いた。

さらにチャベスは、国旗にあしらわれていた馬の向きも右から左へと変更。これも社会主義への移行を意味するが、一説には末娘に言われたのがきっかけともいわれている。

やりたい放題だが、国民からの信頼は篤く、2002年にCIAの支援を受けた親米派のクーデターが起こるも、国民投票で多数の支持を受けて返り咲いた。

もともと、ベネズエラでは親米政権と結託した企業が富を独占し、不正選挙と汚職が横行していた。チャベスはこれを打ち破ったため、富裕層からは不人気だが、貧しい庶民からは大人気だったのだ。国有化した石油産業で潤沢な資金を得て、医療費と教育費を全額無料にするなどの政策も打ち出している。

もっとも、ベネズエラ最大の交易相手はアメリカであり、石油輸出の半分はアメリカ向け。チャベスの強気な発言の裏には、石油という強い外交カードがあったのだ。2013年3月に死去したため、反米路線は大幅にトーンダウンしている。

国を挙げての美人育成で、スタイル抜群

混血化の進んだ南米には美人が多い。なかでも、ベネズエラは国策として美人の育成に力を入れている。2013年までに、ミス・ユニバース7回、ミス・ワールド6回、ミス・インターナショナル6回という世界最多の優勝回数を誇っている。

女性の80％がモデル養成学校で、メイク術や歩き方、ダイエットや教養など、優勝するためのテクニックをたたきこまれているのだ。ベネズエラの美人の基準は、ボンッキュッボンとバストが大きくウェストのくびれたナイスバディ。整形手術にも寛容で、15歳になった娘へのプレゼントが豊胸手術という親もいる。

●世界のミスコンにおける優勝者の輩出国の成績

人口約10倍のアメリカを抑え、世界一の美女をもっとも多く輩出し続ける。

そんなベネズエラで最近流行しているのが、舌にパッチを縫いつけるという仰天ダイエット法。こうすることで食べ物がおいしくなくなり1カ月で13キロも痩せられるという。喋るのが困難になったり、痛みで夜眠れないなどの副作用に悩まされるが、ベネズエラ女性の美への欲求は底なしだ。

舌といえば、ベネズエラ人は猫舌が多い。ベネズエラの主食はコロンビアなどでも食べられるトウモロコシを練ったパンの「アレパ」。これに肉やチーズを挟んで食べるのだが、パーティーなどでは「サンコーチョ」という大鍋料理がふるまわれる。これはスペイン語で「煮込み」を意味しており、肉や魚に、イモ類や野菜類を煮込んだものだ。時間がかかるため、待っているあいだはビールやロン（ラム酒）を飲みながら、ラテン音楽をバックに楽しく踊っている。そして、煮立ったサンコーチョをそのまま食べるのではなく、小一時間さましてからやっといただくのだ。

「スープは熱いほうがおいしい」と考える日本と違い、ベネズエラでは、熱いものを「休ませる（reposar）」ひと手間が重要なのだ。

そして、冷たいアイスが大好物。州都メリダにあるアイスクリーム店「コロモト」には、800種類以上ものフレーバーがあってギネス記録となっている。「タマネギ味」や「肉味」などの微妙なものから、「観光客味」や「靴味」といった、どんな味か想像もつかないようなものまで、日替わりで数十種類が店頭に並ぶ。

サッカーは南米最弱でも、野球は強い

カリブ海諸国に近いためか、ベネズエラではサッカーよりも野球のほうがさかんだ。WBCより前に国際野球連盟（IBAF）が開催していたワールドカップでは、3度も優勝したほどの野球大国。アメリカのメジャーリーグでは、これまでに200人以上ものベネズエラ人選手が活躍した。日本のプロ野球で活躍した同国出

身の選手も多い。カブレラやペタジーニ、ラミレスといった選手も記憶に残っていることだろう。

プロサッカーリーグもあるが、南米サッカー連盟10カ国で、唯一ワールドカップ本大会への出場経験がない。ほかの加盟国からは「南米のお荷物」とバカにされ、予選で当たった国は、試合前から勝ち点3を計算するほどだ。

ちなみに、ベネズエラでは昔から日本のアニメが多数放送されている。1970年代に日本で放送されたアニメ『キャンディ・キャンディ』は、日本とほぼ同時期に放送されていたりする。

首都カラカスで開催されるアニメ・漫画・ゲームの祭典「アバランチャ」には、約1万人ものアニメファンが参加するという。政権批判するテレビ局などを閉鎖に追い込むこともあるのに、アメリカと同盟国である日本のアニメにはとても寛大なのだ。

〈ベネズエラの代表的人物〉

アレックス・ラミレス（1974年－）

ヤクルト、巨人、横浜DeNAとわたり歩き、「アイ～ン」や「ゲッツ！」などのパフォーマンスで人気のプロ野球選手。外国人選手としては最多連続出場記録を持ち、名球会入りも果たした。2014年からは、BCリーグ群馬の打撃コーチ兼選手となっている。愛称は「ラミちゃん」。

ウルグアイ

人の数より牛が多い南米における牧歌国

日本の真裏にある白人主体の国

「日本から地面を垂直に掘り進むとブラジルに着く」と言われるが、正確には海の上になる。日本から見て地球の裏側にあたる南緯35度、西経45度の対蹠点《たいしょ》は、ウルグアイ、ブラジル、アルゼンチン沖の大西洋上となってしまうのだ。そして、東京の対蹠点にもっとも近い都市がウルグアイの首都モンテビデオだ。時差はきっかり12時間。気候も日本とは真逆で、夏が寒く、冬が暑い温帯気候となっている。

ブラジルとアルゼンチンという南米2大国に挟まれた小国であり、国の成立には紆余曲折があった。16世紀にこの地に入植したポルトガルとスペインとのあいだで領土争いが起こり、スペイン領となった後に、独立したアルゼンチンの一部となる。やがてアルゼンチンから独立したものの、今度はブラジルに占領され、ブラジルと

ウルグアイ東方共和国

DATA

首都	モンテビデオ
人口	339.5万人（2012、世界銀行）
面積	17万6000㎢（日本の半分ほど）
民族構成	欧州系90%、混血8%、アフリカ系2%
言語	スペイン語
宗教	キリスト教70%、無宗教30%
政体	立憲共和制
名目GDP	約564億米ドル（世界76位、2013、世界銀行）
独立年	1825年（ブラジルより）
国歌	東方人よ、祖国か墓場か！

アルゼンチンの間で長い戦いが続いた。そこで、イギリスの仲介により、ブラジルとアルゼンチンの緩衝《かんしょう》地帯としてウルグアイの独立が承認されたのだ。

ウルグアイの正式名称のウルグアイ東方共和国の東方とは、かつてこの地が東方州（ウルグアイ川の東側）と呼ばれていたためだが、この地の独立のために戦った「33人の東方人」にも由来する。

独立後は、福祉国家として「南米のスイス」と呼ばれたものの、それも軍事政権の台頭によって崩壊。しかし、民主化を求める市民の声に押され、2004年に野党の「拡大戦線」が議会の多数派となり、左派政権が誕生した。

民族構成は90%が白人種で、黒人はわ

ずか2%ほど。南米ではめずらしく混血化の進んでいない国のひとつだ。ただ、白人の多くはスペイン系とイタリア系だが、ほかにもドイツ系、イギリス系など、多彩。一方、グアラニー族などの先住民は、ほとんどが内陸部のパラグアイに逃げ込んでしまい残っていない。

牛の数は人口の4倍！

ウルグアイとは先住民のグアラニー族の言葉で、「曲がりくねった川」や「ウル鳥の飛び立つ川」という意味。ウル鳥は、まだら模様の美しい鳥だという。しかし、ウルグアイに行って実感するのは「牛の国」ということだろう。国土の90%が牧草地となっており、牛の数が約1300万頭と人口の約4倍にもなるのだ。ヤギの数も約1000万頭と、人口の3倍近くになる。

主食は当然ながら肉で、一人あたりの牛肉消費量は世界一。年間消費量70キロは日本人の消費量の約6倍にあたり、毎日200グラムのステーキを食べている計算になる。アルゼンチンなどと同じく「アサード」と呼ばれる網焼きのステーキがよく食べられるほか、仔牛の内臓や血の腸詰などモツ料理も豊富で、余すところなく食べ尽くす。米や小麦などの生産量も多く、パンやパスタなども食べるが、あくま

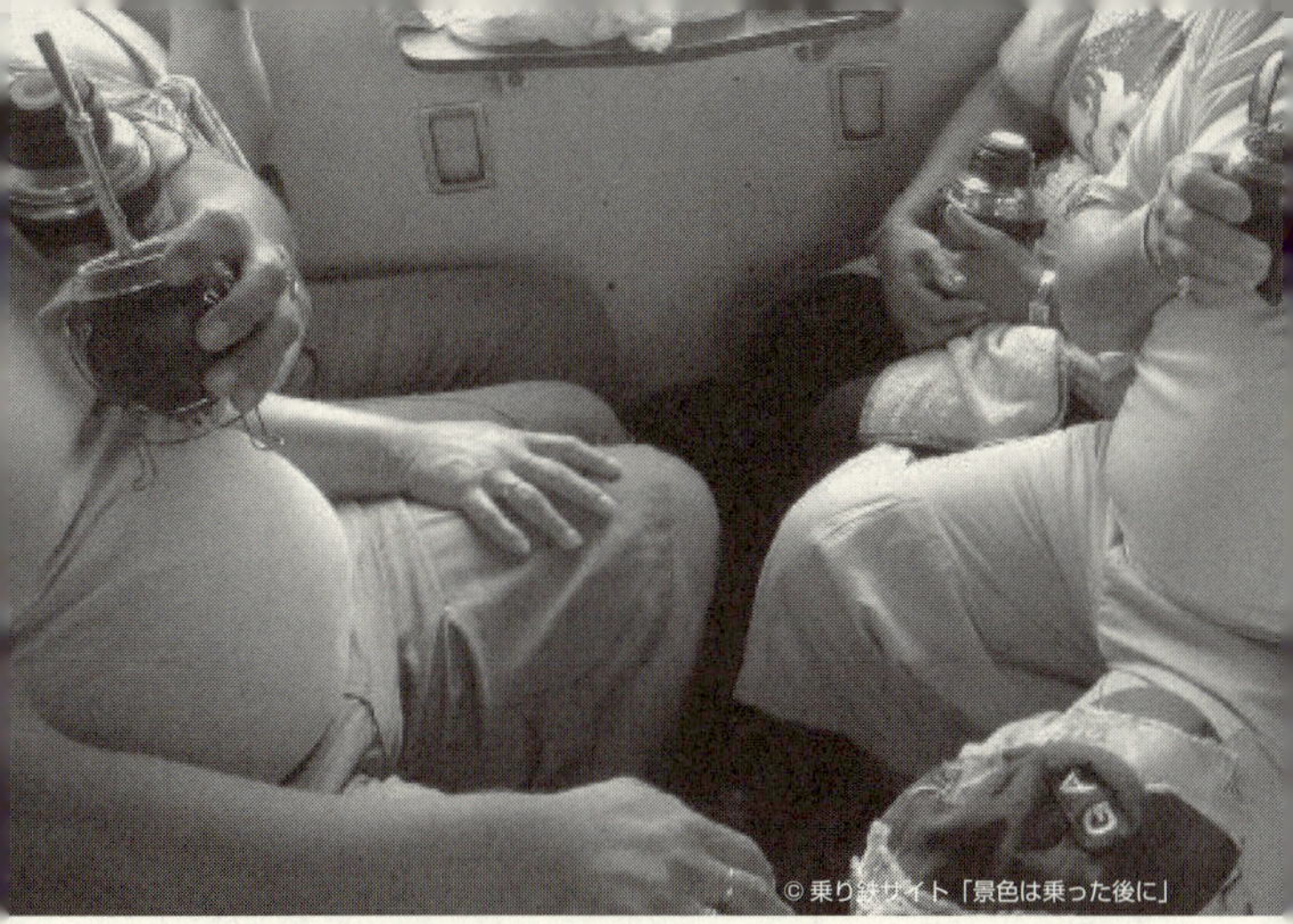

ストローを挿したマテ茶の容器を持ち歩き飲むのが、ウルグアイスタイルだ。

でも肉のつけ合わせ程度だ。おかげで、5人にひとりが肥満だ。

２０１４年現在の大統領ホセ・ムヒカは、元左翼ゲリラの闘士。就任後は、資産の90％を寄付して中古のワーゲンに乗り、月１０００ドルの報酬で暮らす「世界一貧しい大統領」などと呼ばれた。ただ外見は、とても恰幅が良い。

最近は健康志向で肉の消費量は減っているが、高カロリーの食生活を続けるウルグアイ人の健康を支えているのがマテ茶だ。マテ茶は、ビタミンやミネラルが豊富で、消化を助けてコレステロール値を下げる効果がある。南米諸国では一般的に飲まれるが、なかでも、ウルグアイ人は「24時間マテ茶を手放さない」と言われるほどのマテ茶好き。マテ茶を入れたポットを持ち歩き、濾《こ》し器つきのストローで飲む。「ひとつ釜の飯」ならぬ「ひとつポットのマテ茶」を回し飲みするのは、友情の証だ。

マテ茶とは異なる嗜好品が、ウルグアイで流行する可能性が出てきた。2015年春に、世界ではじめて大麻の栽培と販売が同国で合法化されるのだ。これは、麻薬組織に打撃を与える目的があるとはいえ、にわかには信じられない。

のんびりしている一方で、理系女子が活躍

牛を世話しているためか、ウルグアイ人はとても牧歌的だ。のんびりとしていて仕事そっちのけで話しこんだりしている。カウボーイが多いといってもアメリカの西部開拓時代のような荒くれ者ではなく、のどかな牛飼いといった様子だ。

人口の44%が住む首都モンテビデオは、人口密集地だけあって忙しい印象を受けるものの、時間にはルーズ。遅刻は日常茶飯事で、細かいことは気にしない。生活は豊かとはいえないものの、ムヒカ大統領の「貧乏な人とは、少ししか物をもっていない人ではなく、いくらあっても満足しない人のことだ」という名言に代表されるように、あまり物欲がないようだ。

●中南米ビジネス英語力の各国の比較

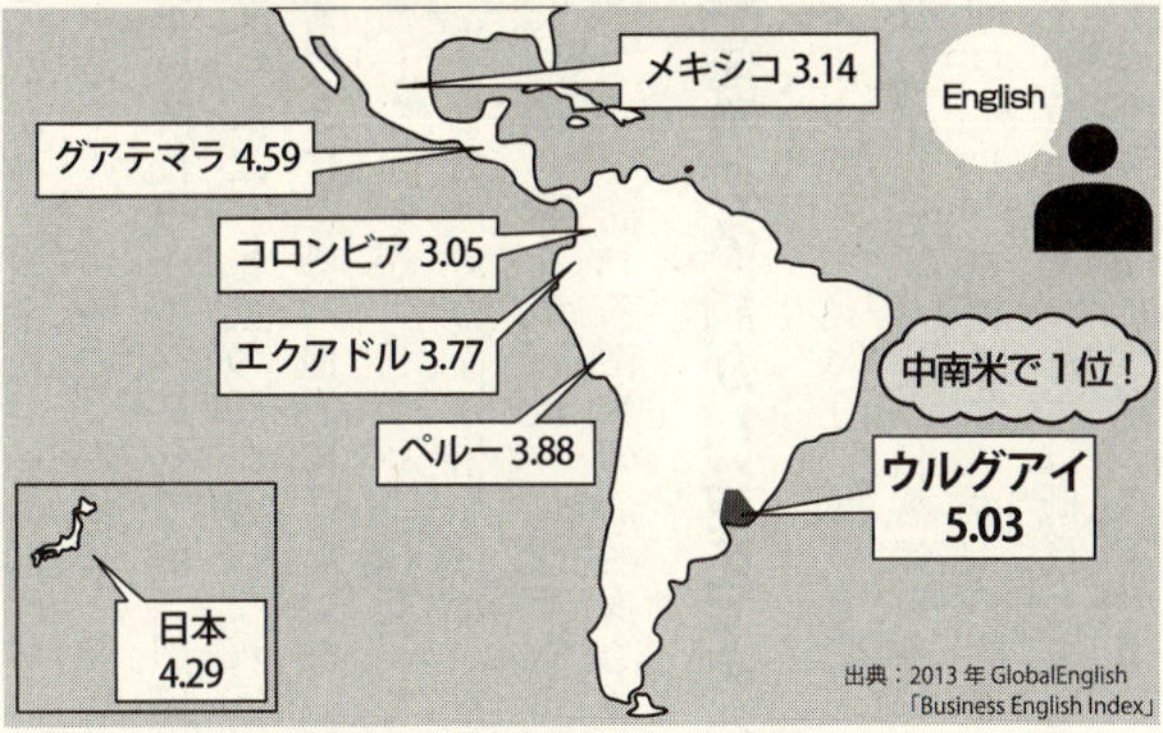

ウルグアイが教育に力を入れた結果が、英語力として現われている。

その一方で、女性の向上心は強く、高学歴女子が多い。ウルグアイでは学費が無料のため識字率も高く、また、小学校から英語の授業をとり入れるところもある。男性は家族を養うために早く就職してしまう傾向にあり、男子学生よりも女子学生のほうが多くなっているのだ。とくに理系女子が多く、医師も半数以上が女性だ。

出生率が2・07人と南米で最低水準になっているのも、女性の社会進出が影響しているのだろう。

とはいえ、女性の地位はまだまだ低く、平均賃金も男性の7割ほど。ほかの南米諸国とくらべると貧富の差はそれほど大きくないが、男女格差は根強い。

それから、南米人といえば底抜けに明るいイメージだが、ウルグアイ人は人見知りするタイプが多い。これは、独裁国家だったころに弾圧されたせいだという。軍政時代のウルグアイでは、国民の１割が国外追放となり、15人にひとりが逮捕拘束された。家族の話などになれば、弾圧された話が出て相手に気まずい思いをさせることになる。他人には話せないこともいろいろあるため、自分も相手のことを詮索しないのがエチケットになっているようだ。

こうした控えめな性格からか、有名人を見ても無関心を装う傾向にある。そのため、周囲の目を気にせずに思う存分羽を伸ばせるリゾート地として、バカンスにウルグアイを訪れる南米の著名人も多いのだという。

国歌の歌詞が11番まである

スポーツといえばサッカーとなるのが南米であり、ブラジルとアルゼンチンに挟まれたウルグアイも、当然のようにサッカーがさかん。１９３０年に行なわれた第1回ワールドカップサッカーの開催地であり、優勝国でもある。歴代優勝回数も2回という古豪で、近年は低迷しているとはいえ、つねに「台風の目」として恐れられてきた。実際、２０１０年の南アフリカ大会では、南米予選では5位という結果だったが、北中米のコスタリカとのプレーオフに勝利して本大会に出場。本大会では40年ぶりにベスト4に入り、強豪ウルグアイの復活を印象づけた。

ところで、このコスタリカ代表とのプレーオフでは、試合前のウルグアイ国歌を演奏中、コスタリカ代表がアップをはじめるという珍事があった。演奏が終わるまで待つのがマナーだが、ウルグアイの国歌は11番まで歌詞があって終わるのに5分近くかかる。前奏だけで1分もあるので、さすがにコスタリカ代表も待ちきれなくなったようだ。

ウルグアイの国歌は、パラグアイの国歌と同じ作詞・作曲家だが、当のウルグアイ人でも長く感じることがあるという。のん気な国民性もあって、ウルグアイ代表はコスタリカ代表に抗議をせずに試合に入り勝利した。本当は宮本武蔵のように、長く待たせて相手をイラつかせる作戦だったのかも？

〈ウルグアイの代表的人物〉

ホルヘ・ドレクスレル（1964年－）

モンテビデオ出身の歌手。耳鼻科医から歌手に転向し、若き日の革命家チェ・ゲバラを描いた2004年の映画『モーターサイクル・ダイアリーズ』の主題歌「河を渡って木立の中へ」で、アカデミー歌曲賞をウルグアイ人として初受賞する。また、スペイン語楽曲としても初の快挙だった。

パラグアイ

日系移民がきっかけで大豆が国の主力産業

「南米のバッテリー」として周辺国に電力を供給

「パラグアイ」という国名の由来は、ウルグアイと同様先住民のグアラニー族の言葉で「大きな川」を意味する。その名の通り川が多いが、この場合の大きな川とは、ブラジルのラプラタ川に合流し、大西洋まで注ぐパラナ川のこと。その支流にパラグアイ川や「イグアスの滝」で有名なイグアス川がある。

観光名所としては、国内唯一の世界遺産であるトリニダー遺跡がある。もともと内陸国のパラグアイは、スペイン植民地時代から開発が遅れていた。そこで、イエズス会の宣教師たちが先住民のために自給自足の集落をつくったが、労働力をうばわれた白人農場主たちの反発を受け、1767年に国外退去を命じられた。先住民も散り散りになり、集落は朽ちたが、当時のイエズス会伝道所などがそのまま残さ

DATA

パラグアイ共和国

首都	アスンシオン
人口	669万人（2012、世界銀行）
面積	40万6752㎢（日本の約1.1倍）
民族構成	混血95%、先住民2%、ヨーロッパ系2%、その他1%
言語	スペイン語、グアラニー語
宗教	おもにカトリック
政体	立憲共和制
名目GDP	約283億米ドル（世界97位、2013、世界銀行）
独立年	1811年（スペインより）
国歌	パラグアイ人たちよ、共和国か死か！

れているのだ。

また、パラナ川のブラジルとの国境に建設された「イタイプダム」は、２００９年に中国の三峡ダムができるまでは、世界一のダムとして自慢のタネだった。パラグアイ人に会ったら、このダムをほめれば、好印象を抱かれる。

ブラジルとの共同出資だが、20基ある水力発電の総出力は１４００万キロワット！ これは日本の原子力発電所10基分といわれる。国内の電力量は１割ほどでまかなえるので、残りの電力をブラジルに売っている。もうひとつ、アルゼンチンとの共同出資のジャスレタダムがあり、アルゼンチンにも電力を供給。「南米のバッテリー」となっている。

国旗に裏表がある！

パラグアイとウルグアイには、もともと先住民のグアラニー族が住んでいた。しかし、たどった道は大きく違う。ウルグアイでは、ほとんどのグアラニー族が消え去ったのに対して、パラグアイではグアラニー族がスペインと同盟してほかの先住民を駆逐したので、グアラニー族の伝統なども継承されていった。

やがて、19世紀の独裁政権下で移民受け入れが行なわれなかったため、スペイン人とグアラニー人とのあいだで混血が進み、現在は全人口の95％がメスティーソとなっている。南米でももっとも民族融合が進んだ国といえるだろう。このため、公用語もスペイン語とグアラニー語の両方が採用されている。大半のパラグアイ人はこの両方をマスターしており、南米唯一のバイリンガル国だ。

国歌もスペイン語とグアラニー語の両方の歌詞が存在する。パラグアイ国歌の作者はウルグアイ国歌と同じだ。ウルグアイほどではないが、7番まで歌詞があり、やはり長い。そして、ウルグアイの「東方人よ、祖国か墓場か！」に対して、「パラグアイ人たちよ、共和国か死か！」と、タイトルもなんとなく似ている。

また、パラグアイは世界で唯一、国旗の表と裏で図柄が異なる。ベースは赤・白・

●パラグアイ国旗の裏表

赤は「独立」、白は「平和」、青は「自由」をあらわす。
1988年までは、縦横比は1：2だったが、現在は3：5になっている。
[表]
REPUBLICA DEL PARAGUAY
[裏]
PAZ Y JUSTICIA

裏は、「フリギア」という自由の帽子をライオンが守護する構図になっている。

青の三色旗で、それぞれ独立・平和・自由を意味するが、中央の国章は、表に独立記念日の5月の星、裏に自由の帽子とライオンが描かれる。そのため、旗の刺繍部分は、表と裏の2枚をつくって貼り合わせなければならない。

もっとも、中央の国章を省略して使うこともある。2013年には一部を簡略化して、ライオンの向きが左から右になった。この改変は大統領命令による。

パラグアイでは、ブラジル、アルゼンチン、ウルグアイと戦った三国同盟戦争、そしてボリビアの侵攻や内戦などにより、領土が削られていった過去がある。独裁と無政府状態が長く続いていたため、政権はなかなか安定しない。

昼寝とマテ茶でのんびりライフ

政情不安な国だが、パラグアイ人は基本的にのんびり屋。遅刻は平気だし、仕事中にもよく休憩をとり、昼食後に昼寝するシエスタの習慣も残されている。

そして、休憩時間に欠かせないのがマテ茶だ。亜熱帯地方のパラグアイでは、アイスマテ茶が主流となっており、「テレレ」という水だしマテ茶にハーブを加えたものを、回し飲みしながらのんびりと談笑するのが日常だ。マテ茶の消費量は、ウルグアイを抜いて世界一。それだけ休憩が多いということだろう。

家族思いのパラグアイ人は、週末はほぼホームパーティー。家族の誕生日会に参加しないと「ママの誕生日より仕事が大事なの？」と怒られてしまうほどだ。料理の主役は牛肉で、焼肉の「アサード」が一般的だが、牛の頭の丸焼きなど、豪快なバーベキューもある。脳みそや舌、頬肉などが絶品だという。

ただし、パラグアイ人のパーティーでは食事中に飲み物は出ない。食べ終わってから飲むので、のどにつかえるかもしれない。また、「ソアプア」というスープがある。トウモロコシ粉とひき肉でつくった肉団子を油で揚げたあと、野菜と煮込んだもので、使われた油までスープに入れる。主食はパンの「チパ」だが、これも中にひき

●マテ茶を飲む各国の年間消費量（一人あたり）

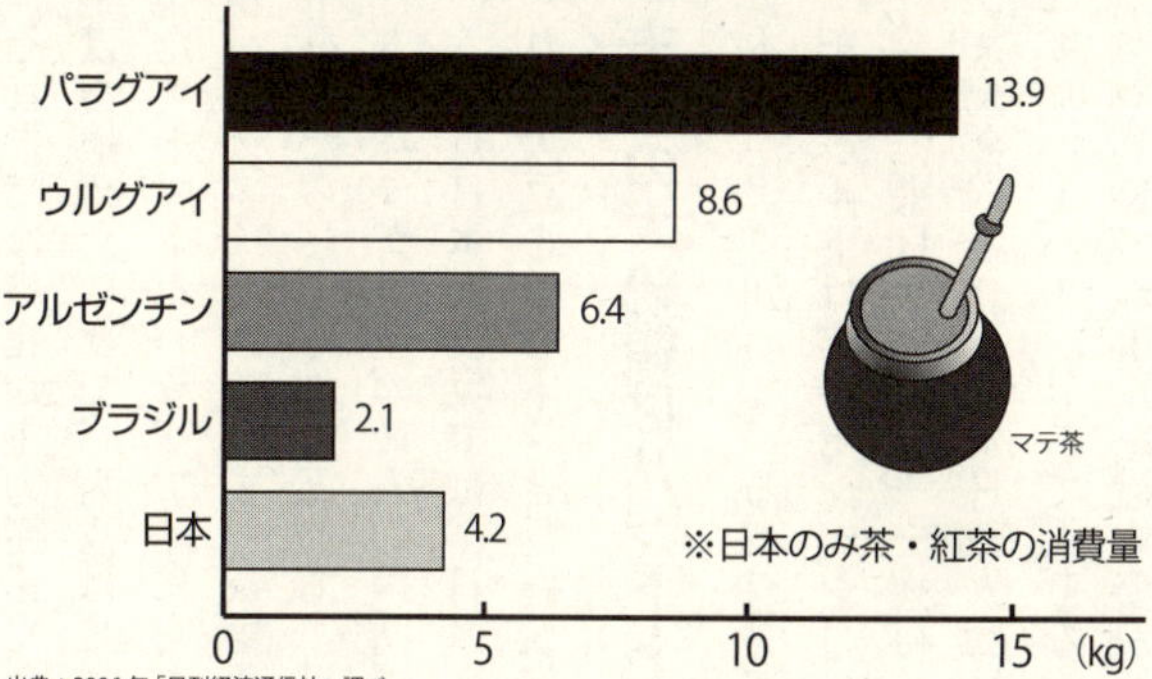

出典：2006年「日刊経済通信社」調べ

マテ茶をよく飲む南米各国のなかでも、とくにパラグアイ人はマテ茶が好き。

肉などが入っている。

コレステロール値が上昇する料理ばかりのため、国民の半数以上が貧困なのに、成人パラグアイ人の肥満率は64・5%にも達する（2008年、パラグアイ肥満調査業者による公式データより）。いくらダイエット効果の高いマテ茶でも限界があるというもの。これは肉食のせいばかりではなく、ジャンクフードの影響が大きいともいわれる。

移民の功績で日本びいき

パラグアイの主力輸出品のひとつに、大豆がある。この大豆をパラグアイに伝えたのは日本人だ。パラグアイは1936年から日本人移民を受け入れた。それまでは綿花が主力産業だったが、日系移民がジャングルを切り拓き、大豆や小麦を植えたことで、大豆は主力産業にまで成長したのだ。

また、トマトをパラグアイにもち込んだのも日本人。トマトは南米が原産なのだが、パラグアイではそれまで栽培されていなかった。今ではどこででも手に入るトマトをもたらしてくれたとして、日系人はパラグアイで尊敬を集めている。

日本はパラグアイの最大の援助国でもあり、現在も約7000人の日系人が住んでいる。東日本大震災では、日系人を中心に「豆腐100万丁プロジェクト」が行なわれ、大豆100トンと豆腐製造資金を援助してくれた。

⚽未来の大統領はハットトリックした元GK!?

日本人がよく知っているパラグアイ人といえば、サッカー選手のチラベルトだろう。チラベルトはアルゼンチンリーグに所属時、クラブチーム世界一を決めるトヨタカップで来日して世界一を獲得。日本がワールドカップに出場した1998年フランス大会、2002年日韓大会にも出場して、日本でも知られるようになった。

ゴールキーパー(GK)でありながら、攻撃にも参加するというのが特徴で、フリーキックやPKでボールを蹴る姿が話題となった。1999年には、GKとしては初となるハットトリックを達成。南米最優秀選手のほか、世界最優秀GK賞を3度も受賞するなど、サッカー史に残した功績は大きい。

また、試合中はエキサイトすることもあるが、すぐれた人格者としても知られる。ファンレターにはすべて目を通し、病気の子どもには自筆で返事を書く。母国開催のコパ・アメリカでは、「国際大会を開く前に学校や病院をつくるべきだ」と出場をボイコットした。

こんな社会貢献に熱心なチラベルトを次期大統領に推す声もあるほどだ。チラベルト自身もまんざらでもないらしい。ちなみにチラベルトと呼んでいるが、フランス系移民の子なので本来の発音ではチラベルが近い。日本ではチラベルトで定着しているが、チラベルという呼び方をすると、パラグアイ通っぽく見られるだろう。

〈パラグアイの代表的人物〉

ホセ・ルイス・チラベル（1965年－）

元パラグアイ代表ＧＫ兼主将。2002年の日韓大会で、キャンプ地となった長野県松本市の児童養護施設などを訪問。それ以来、松本市では、小・中学生を対象とした「チラベルトカップ」を毎年開催しており、優勝・準優勝チームにチラベルトの手形入りカップが贈られる。

ボリビア

内陸に追いやられた
反米をうたう高山国

富士山より標高が高い首都

世界一標高の高い首都ラパス（標高３６００メートル）には、世界一標高の高い町、世界一標高の高い空港（標高４０６０メートル）がある。ボリビアの主要エリアは、ほとんどが富士山よりも高い。南米なのに冷気を感じ、酸欠に悩まされるだろう。なんとホテルは、観光客のための酸素ボンベを常備していることもある。

ボリビアのサッカー代表チームは、「アウェーではからきしだが、ホームでは強い」といわれていたが、これは、相手チームが慣れない高地で息切れを起こしてしまうため。ＦＩＦＡが標高２５００メートル以上の高地試合を禁止したときは、猛然と抗議して３０００メートルに緩和させた。だが、それでも首都より低いため、南米各国の同意をとりつけ、やっとラパスでの試合が可能になったほどだ。対戦国も高

DATA

ボリビア多民族国

首都	ラパス（憲法上の首都はスクレ）
人口	約1002万人（2013年12月、国家統計局）
面積	110万㎢（日本の約3倍）
民族構成	先住民41%、非先住民（混血・白人）59%
言語	スペイン語、ケチュア語、アイマラ語など先住民言語36種類
宗教	カトリック95%
政体	立憲共和制
名目GDP	約298億ドル（世界96位、2013、世界銀行）
独立年	1825年（スペインより）
国歌	Himno Nacional de Bolivia（ボリビアの国歌）

地練習に訪れる。

標高5300メートルのチャカルタヤスキー場は、世界一高所にあるスキー場として、プロスキーヤーのあこがれの地だった。また、空気が澄んでいるため日本の出資による宇宙線研究所もある。

そして、日本の3倍もの面積がありながら、人口は日本の10分の1以下という、南米屈指の超過疎地だ。混血の進んだ南米ではめずらしく、ケチュア人やアイマラ人といった先住民族が41%もいる。その代表ともいえるのが、ペルーとの境にある標高3810メートルのチチカカ湖に住むウル族だ。

ウル族は、トトラと呼ばれる浮き草でつくった浮島で生活しており、観光客も浮島での暮らしを体験することができる。

また、チチカカ湖にはボリビア海軍の基地もある。内陸国なのに海軍があるのは、チリとの戦争で海岸線領土を失ってしまった名残り。海兵は「海が見たい！」と思いつつ、ブラジルとの国境を流れる河川の警備にあたっているのかもしれない。

コカの葉の栽培を合法化!?

ボリビアの国名の由来は「ボリバルの国」。南米の解放者シモン・ボリバルにちなんでおり、その盟友であったスクレ将軍の名が、憲法上の首都スクレに残る。

現在、行政機能のほとんどは、事実上の首都ラパスに移管されたが、19〜20世紀のボリビアはとにかく政変の多い国だった。約160年の間に190回余りのクーデターが発生。80人の大統領が就任しているが（暫定等を含めると140人が大統領に就任）、平均在任期間は1年3カ月。約1割が暗殺か自殺で命を落としており、ボリビア大統領は、「世界でもっとも不運な役職」とも呼ばれていた。チェ・ゲバラも、ボリビアでの革命運動中に、軍事政権に捕らえられて処刑されている。

しかし、2006年に就任したエボ・モラレス大統領は、ガス資源の国有化など、社会主義寄りの政策を実施。初の先住民出身大統領として長期政権を保っている。

●コカの葉の飲み方と効能

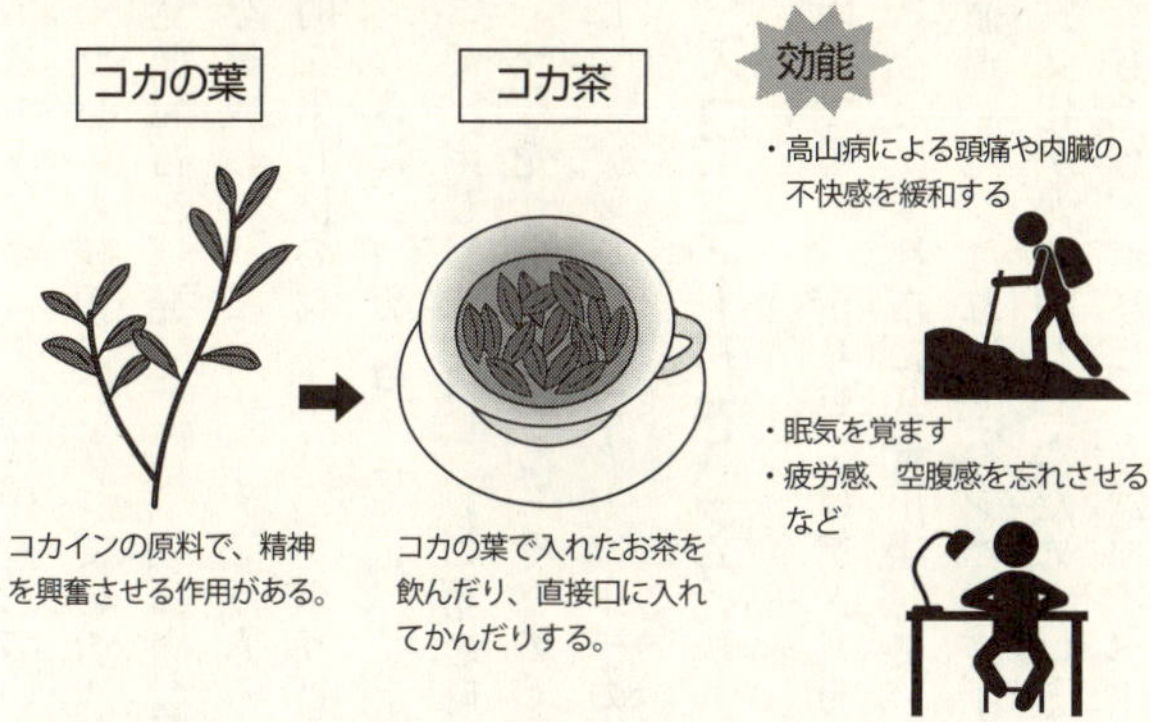
コカの葉
コカインの原料で、精神を興奮させる作用がある。
コカ茶
コカの葉で入れたお茶を飲んだり、直接口に入れてかんだりする。
効能
・高山病による頭痛や内臓の不快感を緩和する
・眠気を覚ます
・疲労感、空腹感を忘れさせるなど

コカの葉を麻薬としてではなく、健康飲料の材料として利用する。

モラレス大統領はアイマラ人で、コカ栽培農家の出身でもあった。ボリビアの先住民は高山病対策として、コカの葉を使ったお茶を飲むのを習慣にしてきた。ボリビアでマテ茶といえば「コカの葉」入りが当たり前。そこで、国内での服用に限ってコカ栽培が認められている。

とはいえ、コカインの原料の栽培地である東部近辺は、麻薬組織によるコカイン精製や密輸が横行しているという。

コーラを禁止した反米の急先鋒

長いあいだ、親米派のメスティーソと先住民との間で貧富の格差があったボリビアでは、反米感情が根強い。とくに、モラレス大統領の就任後は、同じ反米のベネズエラやキューバに接近している。

モラレス大統領は、かつてのチャベス大統領を思わせるように、アメリカに対する過激発言を連発。これにのって外務大臣までが、「資本主義の象徴であるコカ・コーラを追放して、モコチンチを飲もう！」と発言した。この「モコチンチ」とは、伝統的な干し桃のジュースで、ボリビアでは国民的飲み物だ。

ちなみに、コカ・コーラには、もともとコカ成分が入っていたともいわれている。そこで、ボリビアではコカの葉を麻薬指定からはずす運動の一環として、コカ入りコーラも売り出している。そして、マヤ暦の終わりである２０１２年12月21日を記念して、アメリカ産コカ・コーラの禁止を正式決定してしまった。

スローフードで、マクドナルドも完全撤退

南米で唯一、ボリビアはアメリカ資本のマクドナルドがない国だ。かつては、ラパスなど主要都市に8軒出店していたが、赤字経営が続いたため世界ではじめて完全撤退した。これは、ハンバーガーが嫌いだったというわけではなく、ボリビア人の食文化が保守的だったためといえる。

そもそも、ボリビア人はマイペース。酸素が薄いのもあって、急いでいても走ら

ない。自分が第一なので、人にどう思われようと気にしない。急いで食事を済ませる必要はないのだ。

ボリビアにもファーストフードは存在しており、肉や野菜をパイ包みにした「エンパナーダ」は街角でも手軽に売られている。ジャガイモやトウモロコシが主食で、お酒ではビールが好まれるが、トウモロコシを発酵させた「チチャ」というお酒は、ボリビア人にとって欠かせない飲み物になっている。

肉類では、牛肉や鶏肉のほか、「クイ」と呼ばれるテンジクネズミも、から揚げや煮込み料理の材料として使われる。ほかにも、アルパカの干し肉や、ラクダの仲間のリャマなども食べ、街中ではリャマの胎児のミイラなども平然と売られている。

このミイラは、家内安全の祈願のため家の下に埋めるそうだが、ボリビアには、こうした呪術的な伝統が残っている。


〈ボリビアの代表的人物〉

フレディ・マエムラ（1941年－1967年）

日系ボリビア人２世。17歳のときに市長の汚職を告発して投獄され、その後医師となる。同じく医師出身のチェ・ゲバラとともに、ボリビア革命に参加。ゲバラと同じ名前の「エルネスト」と呼ばれていた。1967年に政府軍の待ち伏せで捕らえられると、その場で銃殺された。

エクアドル

多様な生物が息づく
熱帯の豊かな自然国

「赤道」をまたげてしまう!?

貴重な自然の宝庫であるガラパゴス諸島でも知られているエクアドルは、南米大陸の西側に位置しており、コロンビア、ペルーと国境を接している。国名はスペイン語で「赤道」を意味しており、その名の通り、赤道直下の国だ。

首都キト近郊には、高さ30メートルにもなる赤道記念碑が立っており、訪れた人も北半球と南半球をまたいで写真を撮ることができる。もっとも、GPSの発展により、記念碑の立っている場所が微妙に赤道からずれていることが近年明らかになってしまった……。ずれが判明する前に赤道をまたいだ写真を撮った人には残念な話だ。近くにある赤道博物館では、この場所ならではの、おもしろい体験がいろいろとできる。

エクアドル共和国

DATA

首都	キト
人口	1542万人（2013、エクアドル国家統計調査局）
面積	25万6000㎢（本州と九州を合わせた広さ）
民族構成	欧州系・先住民混血79％、欧州系８％、先住民７％、アフリカ系・アフリカ系との混血３％
言語	スペイン語
宗教	カトリック
政体	共和制
名目GDP	約941億米ドル（世界64位、2013、世界銀行）
独立年	1830年（大コロンビアより分離独立）
国歌	万歳、おお祖国よ

たとえば、北半球にある日本で、洗面所にためた水を流すと反時計回りに渦をまきながら流れていく。南半球なら、時計回りだ。

なら、赤道直下だとどうなるか？　答えは、水は渦をまかないで、まっすぐ流れていくのである。

自称「100歳以上」の村

国土は、シエラと呼ばれるアンデス山脈地域、コスタと呼ばれる太平洋岸の亜熱帯低地、オリエンテと呼ばれる東部のアマゾン川上流の熱帯多雨林地域の３つに分けられる。

食文化は地域によってかなり違いがあり、コスタでは日本と同じように米が主食だ。ただし、日本の「白いごはん」とはずいぶん異なり、米自体は細長くパサパサしており、それに塩と油を混ぜて炊くのだ。

アンデス山脈中腹にあるビルカバンバという村は、日本でも一時期、「長寿の村」として話題となった。何しろ、100歳以上の老人がゴロゴロしているというのである。長寿の理由としては、高地にあるため自然と心肺機能が高くなること、主食のトウモロコシとイモに、食物繊維とカリウム(血圧を下げる)が豊富にふくまれていることなどが考えられていた。

しかし、いまでは、ビルカバンバ=長寿の村という説は、かなり揺らいでしまっている。理由は、村人の言う「100歳以上」というのが、すべて自己申告であり、その大半が80歳代らしいと判明したからだ。

もちろん、80歳代でも、じゅうぶん長寿とはいえる。だが、それすらも近年は変わってきているという。近代化が進んだことで村人の生活スタイルが変わり、高血圧やコレステロール値の高い人、肥満などが増え、平均寿命が10歳以上低くなってしまったのだ。生活習慣病に悩むのは、アンデスの住人だろうが、日本人だろうが変わらないようだ。

ちなみに、南米全域で日常的に飲まれているコカ茶は、エクアドルでは飲めない。

人々はさまざまな種類の人形を用意して、大晦日の夜にそなえる。

政府がコカ（コカイン原料）を麻薬と見なし、栽培を禁止しているからだ。

大晦日に燃える人形

エクアドルの人たちは、ほかの南米の国の人とくらべると、控えめで、おとなしく礼儀正しい人が多いとされている。だが、お祭りとなると、話は別だ。

この国でいちばん盛り上がるのは、クリスマスと大晦日である。とくに大晦日には独特の風習が存在する。

クリスマスが終わると、町のいたるところで人形が売られはじめる。人形は素朴な民芸風のものもあるが、ディズニーのキャラクターやドラえもんなど、どう見ても版権無視のものがいろいろ。エクアドルの人たちはそれをこぞって買い求め、玄関などに飾っておく。そして、大晦日当日になると、夜の12時までに人形を燃やすのだ。また、その年1年間でたまった不満を紙に書いて、人形といっしょに燃やすこともある。つまり、人形や紙を焼くことで、その年の不運や不満を追い払い、次の年が「良い年でありますように」と祈るのだ。日本でいう、厄払いのようなものといえる。

町のあちこちで人形が燃えさかるエクアドルの大晦日は美しいという……。

郵便局員が回収にこないポスト

アンデスの山並みから、アマゾンのジャングルまで、バラエティあふれる自然環境を誇るエクアドルには、多種多様な生き物が生息している。

いちばんの目玉はガラパゴス諸島の生物だろう。本土から西へ約1000キロはなれた海上に浮かぶガラパゴス諸島には、ガラパゴスゾウガメやガラパゴスリクイグアナ、ウミイグアナなど多数の固有種が生息しており、1978年に、世界初の世界自然遺産に選ばれている。ここを訪れたチャールズ・ダーウィンが「進化論」の着想のきっかけを得たというのも有名な話だ。

現在、ガラパゴス諸島を訪れる観光客には、「動物に触らない」「小石ひとつでも移動させない」「外部から植物や動物を持ち込まない」「足を洗ってからでないと上陸してはいけない」といった厳密なルールが課せられている。さらに、入島する際に、荷物をX線検査されるという徹底ぶり。それらはすべて、貴重な生態系を壊さないための措置なのだ。

ところで、ガラパゴス諸島のなかの島のひとつ、フロレアナ島には無人の郵便局が存在する。郵便局といっても、粗末な木製のポストが置かれているだけで、郵便局員が回収にも来ない。これは、もともと船乗りたちが勝手に手紙を投函し、別の船乗りが自国宛の手紙を見つけると持ち帰って、代わりに切手を貼って宛先に送るという風習から生まれたものだという。

現在は、船乗りの代わりを観光客がしているというが、きちんと届くか少々不安だ。

〈エクアドルの代表的人物〉

ラファエル・コレア（1963年－）

2014年現在、エクアドル大統領。もとは経済学者という異色の経歴の持ち主。大統領就任直後から、反米左翼路線を突き進む。かつて、ベネズエラのチャベス大統領がブッシュ米大統領を「悪魔」と呼んださい、「悪魔とくらべるのは、悪魔に失礼だ」と発言し、物議をかもした。

ガイアナ

南米なのにインド風の雰囲気。未開発のため緑があふれる

国土の約80％が未開のジャングル

現地民の言葉で「水の多い土地」を意味しているガイアナは、その名前が示すように、国土の広い範囲を川が縦横に走る水資源の豊富な国だ。また、ポタロ川にあるカイエトゥール滝は落差が226メートルもあり、（一段の滝としては）世界最大の落差ともいわれている。

国土面積は日本の本州を少し小さくした程度だが、その約80％は手つかずの熱帯多雨林（ジャングル）。開墾されている土地は0・5％に過ぎないというから驚きだ。未開のジャングルの下には、大量の鉱物資源が眠っているともいわれているが、採掘は進んでいない。ただ、そのおかげで大自然が残り、多様な野生動物がこの国では暮らしているのだ。

ガイアナ共和国

DATA

首都	ジョージタウン
人口	75.8 万人（2012、ECLAC）
面積	21 万 5000㎢（本州よりやや小さい）
民族構成	インド系 44%、アフリカ系 30%、混血 17%、先住民族 9%、その他 1%
言語	英語（公用語）、クレオール語、ヒンディー語、ウルドゥー語
宗教	キリスト教、ヒンドゥー教、イスラム教等
政体	立憲共和制（英連邦に属する）
名目GDP	約 30 億米ドル（世界 158 位、2013、世界銀行）
独立年	1966 年（イギリスより）
国歌	親愛なるガイアナの土地

ヒンドゥー寺院が立ち並ぶ

公用語として南米で唯一、ガイアナでは英語が使用されている。それは、もともとイギリスの植民地だったことが関係している。

かつてインドを植民地にしていたイギリスは、ガイアナに多数のインド人を労働力として連れてきた。そのせいで、この国では今も人口の半数近くをインド系が占めている。

インド系が多いということは、当然、国民の生活もインド風になっている。ガイアナで信者数がいちばん多いのはヒンドゥー教だ。町にはヒンドゥー寺院が立ち並び、南米の国とは思えない景色が広がる。

食生活も完全にインド風となっており、ロティというインドやパキスタンでよく食べられているパンの一種に、さまざまな具のカレーが添えられたものが、地元の名物料理となっている。

世界一高価な1セント切手

イギリスの植民地だったころの影響は、人種構成や食文化以外にもいろいろな形で残っている。たとえば、首都ジョージタウンというのは、イギリス王ジョージ三世の名前からつけられている。ほかにも、ロンドンにある聖ジョージ大聖堂と、まったく同じ名前の教会がガイアナにも存在する。首都のシンボルにもなっているガイアナの聖ジョージ大聖堂だ。

白く美しい建築物で、世界一の高さがある（43・5メートル）木造建築ともいわれている。現存する世界最古の木造建築は日本の法隆寺だが、いちばん高い木造建築は南米にあったのだ。

そのほか、自動車が左側通行なのもイギリスと同じだったり（日本も左側通行だが、これは世界的に少数派）、イギリス発祥のスポーツであるクリケットがさかんだったりするのも、植民地時代の名残りだろう。

ちなみに、郵便制度が生まれたのは19世紀のイギリスで、植民地だったガイアナにもその直後に導入されている。しかし、ガイアナの郵便制度は利用者が極端に少なかったことから、短期間でいったん廃れてしまう。

国土の大半が未開のジャングルなのだから、それも当然だったのだろう。だが、その短い試行期間にガイアナでも切手が発行されている。そのなかのひとつ、「英領ギアナの1セント切手」は、世界にたったの1枚しか現存していない。

そのため、現在1億円以上の値がつく、高価な古切手のひとつとなっている。

〈ガイアナの代表的人物〉

チェディ・ジェーガン (1918年－1997年)

ガイアナの政治家でインド系の出身。イギリス植民地時代には首相を務め、独立後には大統領にもなった。政治活動初期は共産主義寄りの政策を進めたが、後半生では資本主義路線に切り替えた。妻のジャネット・ジェーガンは同国初の女性大統領となっている。

スリナム

南米で最小の国家は、スポーツがさかん

ニューヨークと交換されて誕生!?

南米のなかで、もっとも小さく、人口も少ないのがスリナムだ。その少ない国民の大半は北部の沿岸で暮らしており、国土の8割を占める南部の熱帯雨林は未開のままとなっている。

国名の由来は、ヨーロッパ人が押し寄せる前に、この地に住んでいた先住民スリネン人からきている。このスリナムと、隣国ガイアナ、仏領ギアナを合わせて「ギアナ三国」と呼ぶこともある。

公用語としては南米で唯一、オランダ語が使われている。これは、長年オランダの植民地であったため。ただ、オランダが支配する前はイギリス領であり、17世紀に、オランダが所有していたアメリカのニューヨークと交換されてオランダ領となった

スリナム共和国

DATA

首都	パラマリボ
人口	53万人（2012、ECLAC）
面積	16万3820㎢（日本の約2分の1）
民族構成	インド系37%、クレオール系31%、ジャワ系15%、マルーン系10%、先住民系2%、中国系2%、白人1%
言語	オランダ語（公用語）、英語、スリナム語、カリブ系ヒンディー語、ジャワ語
宗教	キリスト教（プロテスタント、カトリック等）、ヒンドゥー教、イスラム教等
政体	立憲共和制
名目GDP	約51億米ドル（世界148位、2013、世界銀行）
独立年	1975年（オランダより）
国歌	神よ我らのスリナムと共に在ませ

というおもしろい歴史をもっている。

人種構成もユニークで、インド系、インドネシア（ジャワ）系、黒人と白人の混血系、黒人系、原住民系が混在する多民族国家となっている。

インド系が多いのはガイアナと同じだが、まったく違っている点としては、インドネシア系がかなりいることが挙げられる。

インドネシアは、もともとオランダの植民地だったため、19世紀末に大量にスリナムに移住してきたのだ。

そのインド系とインドネシア系を合わせると国民の半数以上になるという。そのため、南米の国だと思って訪れると、オランダ語を話しているインド人っぽい人やインドネシア人っぽい人ばかりだし、街中に、いきなりガンジーの銅像が立っていたりもするので、「どこの国に来てしまったんだ……」と、きっと戸惑うことになるだろう。

食事も、かなりアジアン・エスニック。インドネシア風の焼きそばである「ミーゴレン」や、同じくインドネシア風の炒飯である「ナシゴレン」が、スリナムの郷土の味として広く親しまれているという。

また、本場のインドと違い、スープカレーのようにスパイシーな「スリナムカレー」も食べられている。また、首都パラマリボには中国人も多く、中華料理店が軒を並べる。

スポーツの名選手を多数輩出

「スリナム出身の有名人は？」と聞いても、ほとんどの日本人は答えられないだろう。だが、じつはこの国は、日本人にもなじみの深いスポーツ選手を数多く輩出している。ただ、その選手のほとんどが旧宗主国であるオランダに渡って、「オランダ人選手」ということになってしまっているため、スリナム出身ということが、あまり知られてはいないのだ。

たとえば、かつてはサッカーのオランダ代表の中心選手であり、2014年現在、本田圭佑が所属するACミランの監督を務めているクラレンス・セードルフは、スリナムのパラマリボの生まれだ。あるいは、格闘技のK-1で「オランダの選手」として紹介されていた、アーネスト・ホーストやレミー・ボンヤスキーなども、スリナム出身なのである。そういう意味でスリナムは、隠れたスポーツ大国といえる。

もうひとつ、日本との意外な関係ということでいえば、スリナム人は大の日本車ファン。街中を走っている車は、ほぼ日本の中古車だ。

宗主国だったイギリスの影響から交通規則も左側通行なので、道路だけ見ればまるで日本と変わらない風景が広がっている。

〈スリナムの代表的人物〉

アーネスト・ホースト (1965年－)

キックボクサー。立ち技格闘技のK-1で4回も優勝したことから「フォータイムス・チャンピオン」と称えられ、精密機械のような計算しつくされた戦いぶりから「ミスター・パーフェクト」とも呼ばれた。試合後の勝利の踊り、「ホースト・ダンス」も有名。親日家で、日本語も流暢である。

＼つながっている!／

日本に入ってくる南米産の品物

南米からの輸入品といえば、農作物と鉄鋼などの鉱物資源が主流だが、それ以外のものもある。

たとえば、ペルーからは液化天然ガスを輸入している。同国の液化天然ガス・プラントは南米初のもので、プロジェクトには日本の商社も深くかかわっている。

チリからは大量のサケ・マス類を輸入しており、回転ずしで食べられているサーモンの大部分はチリ産だ。また、日本国内に流通するカーネーションの約5割は輸入品。輸入先のトップはコロンビア。意外と身近なところに、南米からの輸入品はあふれているのだ。

■南米からのおもな輸入品

ブラジル	鉄鉱石、肉類、非鉄金属、化学製品、鉄鋼
アルゼンチン	銅鉱石、飼料用トウモロコシ、魚介類、アルミニウム
ペルー	銅精鉱、液化天然ガス、魚粉
コロンビア	コーヒー、切り花
チリ	銅鉱、大西洋サケ、モリブデン精鉱
ベネズエラ	原油、カカオ豆、アルミニウム
ウルグアイ	羊毛、ラノリン、魚介類
パラグアイ	農産品（ごま、大豆）
ボリビア	亜鉛鉱、鉛鉱、ごま、大豆、ニット製品
エクアドル	原油、バナナ、魚粉、ウッドチップ、魚介類
ガイアナ	アルミニウム鉱、生きている動物、ラム酒
スリナム	冷凍エビ、冷凍水産品、木材

エリア2

中米

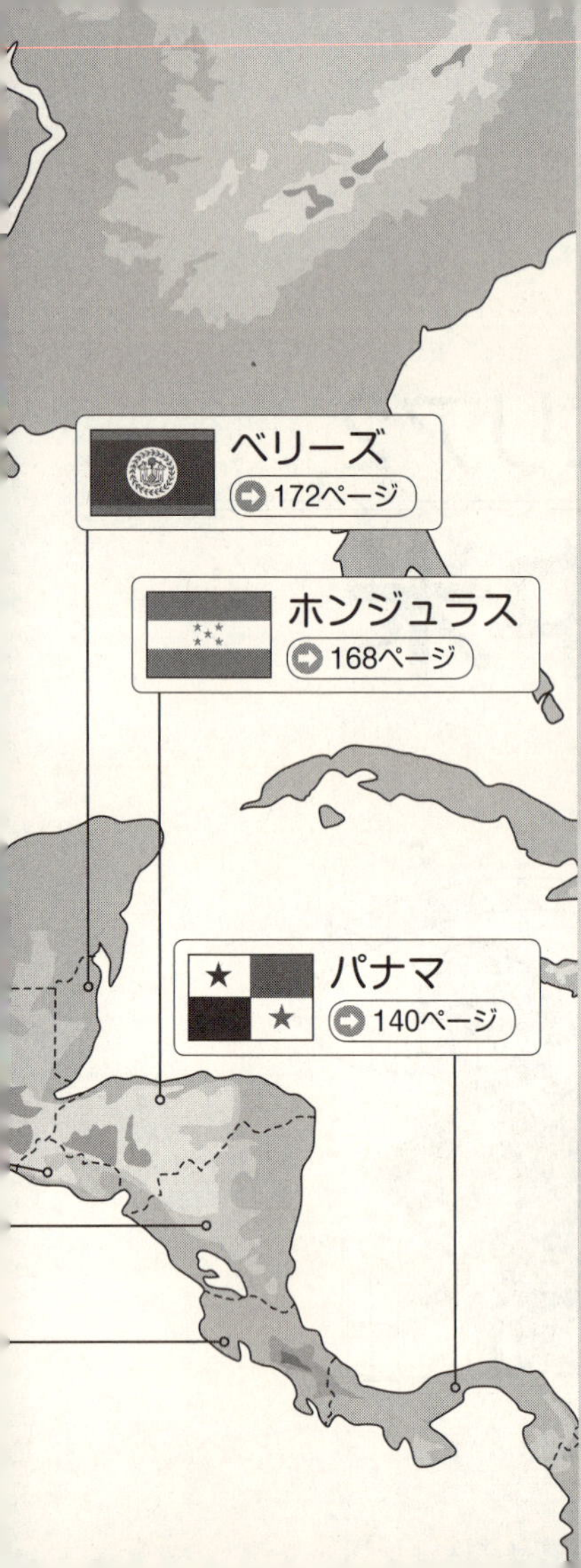

中米MAP

古代の遺産を残しつつバラエティーに富む国々

古代文明と、豊かな自然に寄り添って生きている。

グアテマラ
158ページ
メキシコ
126ページ
エルサルバドル
146ページ
ニカラグア
152ページ
コスタリカ
164ページ
0 200 500 2000 4000 6000
標高(m)

メキシコ

性格も気候も食事も、中米きっての情熱の国

建国以来、憲法改正400回！

大きなつばの帽子のソンブレロをかぶり、ポンチョを着た陽気な人たちが暮らす国というイメージを、この国に抱いている人は多いだろう。しかし、実際にはそんな服装をしたメキシコ人は、観光地以外にはいない。

北米大陸の南に位置するこの国は、古代アステカ文明やマヤ文明の栄えた地でもあり、テオティワカンをはじめとして、世界遺産の遺跡が多数存在し、観光客も大勢訪れている。気候は温暖で、アカプルコやカンクン、ラパスなどは、世界的に人気の高いビーチ・リゾートだ。

16世紀初頭以降、長らくスペインの植民地だったが、19世紀に独立し、国名をメキシコとした。国名の由来はアステカ文明の神・メシトリからきている。現地の人

ソンブレロは、
メキシコ文化の
トレードマーク。
中年男性にとって、口ひげはおしゃれの一種。
お手ごろ価格のテキーラを仲間内で一気飲み。

は「メヒコ」（スペイン語で「Ｍｅｘｉｃｏ」）と呼ぶ。

じつは、正式な国名をメキシコ合衆国という。合衆国とつく国は、世界でほかにアメリカしかない。そのため、メキシコ国内ではアメリカの属国と見られることを嫌って、「国名から合衆国をはずすべきか」という議論が長年続いている。

歴史的に、内乱や革命、戦争などが多かったせいか、メキシコは世界でもっとも憲法の改正回数が多い国でもある。建国以来、現在に至るまで、なんと４００回以上も改正されているという。どこが改正されたか覚えきれないくらいだ。

「麻薬戦争」で死者は7万人超え

メキシコの名目ＧＤＰは１兆２５８５億ドルで、これは、日本の名目ＧＤＰの４分の１程度だ。「日本の何倍もある大きな国なのに、貧しいの？」と思うかもしれないが、世界各国の名目ＧＤＰで比較するとメキシコは世界第14位（２０１３年）であり、上位にランクインしている。

ただ、国内の貧富の差ははげしい。金持ちは極端に金持ちであり、メキシコの実業家カルロス・スリム・ヘルなどは、アメリカの雑誌『フォーブス』が発表している世界の長者番付で、毎年のようにマイクロソフトの創業者ビル・ゲイツと１、２

DATA

メキシコ合衆国

首都	メキシコ・シティ
人口	約1億2233万人（2013、国連）
面積	196万㎢（日本の約5倍）
民族構成	欧州系（スペイン系等）と先住民の混血60%、先住民30%、欧州系（スペイン系等）9%、その他1%
言語	スペイン語
宗教	カトリック（国民の約9割）
政体	立憲民主制による連邦共和国
名目GDP	約1兆2585億米ドル（世界14位、2013、世界銀行）
独立年	1821年（スペインより）
国歌	Himno Nacional Mexicano（メキシコの国歌）

位を争っている。しかし一方で、1日の収入が1ペソ（約8円）という貧困層も多く、国民のほとんどは非常に貧しい生活を送っている。

格差が大きければ、当然、治安も悪い。人口10万人あたりの殺人事件発生件数を比較した「世界の危険な都市ランキング（2012年）」を見てみると、2位シウダー・フアレス、4位アカプルコ、7位トレオン、8位チワワ、9位ドゥランゴと、ワースト10内に、メキシコの都市が大量にランクインしているのだ（ちなみに、8位のチワワは、犬のチワワの原産地でもある）。

ことに2006年以降は麻薬取引をめぐる犯罪が増加しており、麻薬組織（麻薬カルテル）どうしの縄張り争いや、取り締まりを強化する政府と麻薬カルテルとの抗争が激化の一途を辿《たど》っている。06年から現在までで、麻薬がらみの犯罪や抗争に巻き込まれて死亡した人は7万人を超えるというからすさまじい。このため、政府と麻薬カルテルとの一連の争いは「メキシコ麻薬戦争」とも呼ばれている。

戦争という言い方は、まったく大げさではない。なにしろ、現在のメキシコ軍のおもな任務は、国内の麻薬カルテルとの戦いなのだ。カルテルは、その潤沢な資金をもとに機関銃やグレネードランチャーなど軍隊並みの装備をそろえているため、とうてい警察だけでは抑えきれないのである。

治安の悪さといえば、メキシコでは基本的に、バッグを持ってデパートやスーパー、博物館や美術館に入ることが禁止されている。これは、売り物や展示品の盗難を防ぐためらしい。

陽気で親切だが、ちょっといい加減

はじめてメキシコを訪れると、びっくりするようなことも少なくない。

たとえば、メキシコで道を聞くと、わりとみんな親切に「それは、こう行ったらいいよ」と教えてくれる。だが、その教えてくれた道は、だいたい間違っているの

街のいたるところにガイコツが出現する「死者の日」の祭りは２日間行なわれる。

だ。あるいは、初対面でも気さくに「今度、食事行こう」とか「うちに遊びにおいでよ」と誘ってくれるが、その言葉を本気にして次会ったときに、「こないだの話だけど……」などと言っても、たいていキョトンとされてしまうだろう。

間違った道を教えてしまうのは、そっけなく「知らない」と言うのが申し訳なく思ってしまうからだし、食事や遊びの誘いは、言ったときは本気だったが、忘れてしまっているだけなのだ。

メキシコ人の陽気さを象徴するものとしては、「死者の日」というお祭りもある。これは、日本で言うところの、お盆のようなもので、亡くなった家族や友人をしのぶために毎年11月1日と2日に行なわれている。

だが、日本のお盆とは違い、砂糖でつくられたカラフルなドクロが飾られ、人々がガイコツなどのコスプレをして町を練り歩く、明るく楽しいお祭りなのだ。そのため、この祭りを知らない日本人が見たら、「これはハロウィン？」と誤解してしまうだろう。

ほかにも、バスや列車で長距離移動するさい、いっしょに乗り合わせた人に、かならずといっていいほど食べ物をお裾分けするという習慣もある。これなども、彼らのフレンドリーさの表われといっていい。メキシコ人は、根は親切な人たちだといえる。ただ、ちょっといい加減なだけなのだ。

世界最大のサッカー場と闘牛場

メキシコ人にとって、最大の娯楽はスポーツだ。サッカーの人気が圧倒的に高い。首都メキシコ・シティには約10万5000人を収容できる世界最大のサッカー専用競技場であるエスタディオ・アステカがあるし、1970年、86年と、FIFAワールドカップが二度も開催されている。

サッカーのメキシコ代表は、ブラジルやアルゼンチンとくらべると世界的な名選

●世界のサッカー専用スタジアムの収容可能人数

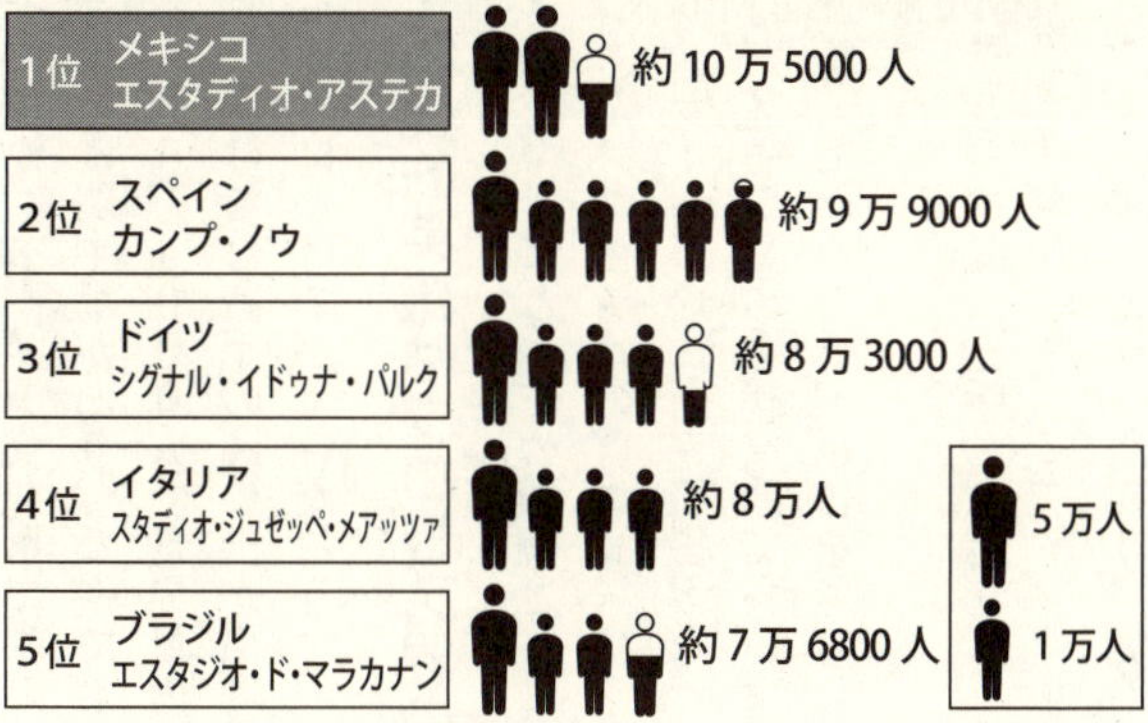

1位	メキシコ エスタディオ・アステカ	約10万5000人
2位	スペイン カンプ・ノウ	約9万9000人
3位	ドイツ シグナル・イドゥナ・パルク	約8万3000人
4位	イタリア スタディオ・ジュゼッペ・メアッツァ	約8万人
5位	ブラジル エスタジオ・ド・マラカナン	約7万6800人

5万人 / 1万人

メキシコには、世界一の収容人数を誇るサッカースタジアムがある。

手の数で劣ることもあり、国際的な大会で大本命に推されることは少ない。だが、それでも毎回しぶとく勝ち上がり、いいところまで残るため、強豪国として世界から一目置かれている。ワールドカップにおける通算最多敗戦記録（24敗）があるが、それだけコンスタントに大会に出場しているという証明でもある。

また「あしたのジョー」の主人公・矢吹丈の最後の対戦相手であるホセ・メンドーサが、メキシコ人であることからもわかるように、ボクシングがさかんだ。

3階級制覇を成し遂げたフリオ・セサール・チャベスを筆頭に多くの世界チャンピオンを輩出し、ボクシング団体のひとつ「WBC」の本部がある。

そのほか、スペイン文化圏であることから、闘牛も行なわれている。たいていの大都市には闘牛場があり、なかでもメキシコ・シティにあるプラザ・デ・メヒコは、収容人数6万4000人で世界最大の闘牛場といわれている。ちなみに、5月から11月にかけては若手の闘牛士が出場するため、一流の闘牛士が見たいのなら、12月から4月にかけてがよいだろう。

国民的英雄はプロレス界のアイドル!?

メキシコ人にとっての娯楽として忘れてはならないのが、国技とまでいわれるプロレスだ。メキシコのプロレスは、ルチャリブレ（自由な戦い）と呼ばれており、覆面レスラーが多いことが特徴となっている。覆面を被ることが主流となっている理由は、メキシコの古代文明であるマヤやアステカで仮面を神聖視した影響だともいわれる。だからこそ、正体をさらしがちな日本の選手とは違って、素顔をさらさないという。

ルチャリブレの選手のことを、メキシコではルチャドールという（女性選手はルチャドーラ）。日本人にとって、もっともなじみ深いルチャドールは、「千の顔をもつ男」ことミル・マスカラスだろう。実弟ドス・カラスとの兄弟タッグは、一時期、日本

ルチャリブレに参加する選手は、だれしもがマスクを被っている。

でもアイドル的な人気を誇った。

だが、メキシコ国内でもっとも高名なルチャドールは、今も昔も変わらずエル・サント（聖人の意味）だ。１９３０年代にデビューし、以後、半世紀近く現役を続けたエル・サントはメキシコでは神格化されており、国民的英雄となっている。

その活躍はリング上のみならず、サント自身が自分の役で主演した映画が50本以上製作されていて、さらには彼が主人公であるコミックスも多数出版されているほどだ。

これほど国内で人気がありながら、今ひとつ日本での知名度が低いのは、彼がマスカラスとは違い、ほとんど海外で試合をしなかったためだ。

タバスコの7倍！ 食べられる凶器ハバネロ

「タコス」や「ブリート」といったメキシコ料理は、日本人にとっても親しみがある。しかし、日本で食べられるのは、アメリカで独自に発展したメキシコ料理、いわゆるテックス・メックス（テキサス風メキシコ料理）であることが多い。

たとえば、タコスというと、炒めた牛ひき肉、レタスの千切り、トマト、チーズなどをパリッとした皮（トルティーヤ）に挟んでいるものをイメージするかもしれない。だが、これは厳密にはハード・タコスと呼ばれるアメリカ料理で、じつはメキシコではあまり食べられていないのだ。

本場のタコスの皮はもっと柔らかく、中に挟む具もとくに決まっていない。牛肉、豚肉といったオーソドックスなものから、牛の脳、牛タン、白身魚のフライ、臓物、さらには昆虫までが具とされることもある。

ただ、「メキシコ料理＝激辛」という印象はその通り。メキシコでは１００種類以上の唐辛子（チレ）が流通しており、基本的にそれらを使って味つけする。

そんな多様なメキシコ産唐辛子の頂点に君臨しているのがハバネロだ。日本でも『暴君ハバネロ』というスナック菓子がヒットしたこともあり、おなじみだ。

●唐辛子類の辛さの度合いとアルコール類の最高度数

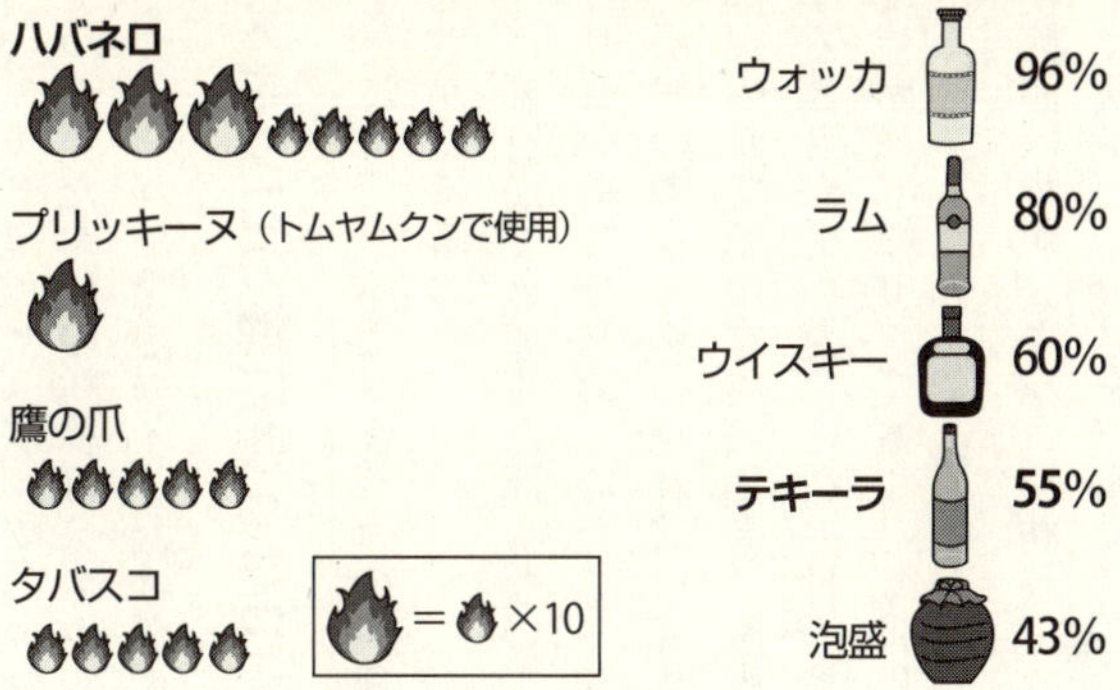

テキーラのアルコール度数は高くても55%と、ウォッカなどとくらべると低い。

ハバネロの辛さはタバスコの7倍もあり、一時は「世界一辛いトウガラシ」としてギネスブックで認定されていた（現在は別の品種に抜かれている）。

もし、ハバネロの汁が皮膚の弱い部分に付着すると、火傷と同じようにただれてしまうというから、もはや食べられる凶器のようなものである。

刺激が強いといえば、メキシコ特産のお酒であるテキーラを思い浮かべるかもしれないが、ウォッカにくらべてアルコール度数は低い。日本では、「サボテンでつくったお酒」という認識が流布しているが、リュウゼツランというアロエに似た植物からつくられている。

また、厳密にはサンティアゴ・デ・テ

キーラという町でつくられたものだけがテキーラであり、それ以外のリュウゼツランでつくったお酒の総称はメスカルである。これは、フランスのシャンパーニュ地方でつくられた発泡ワインだけが正式なシャンパンであるのと同じことだ。

メキシコの地に残った日本の「ワラジ」

意外にも、日本とメキシコの関係は古く、深い。その交流は、なんと江戸時代にまでさかのぼるのだ。

江戸幕府ができてまだ間もない1609年、メキシコ生まれのスペイン人貴族でフィリピン総督を務めていたロドリゴ・デ・ビベロが、航海中に暴風雨に巻き込まれ、房総の御宿《おんじゅく》海岸に流れ着いてきたことがある。地元の漁民に助けられたロドリゴは、やがて徳川家康に面会。家康が用意した帆船によって、無事、メキシコに帰国することができた。この一件を機に、日本とメキシコ（その宗主国であるスペイン）の交流がはじまり、1613年には家康の許可を得た伊達政宗が、メキシコ、スペイン（エスパーニャ）、ローマをめぐる使節団を送った。これが慶長遣欧使節だ。

使節団はまずメキシコを訪れ、それからヨーロッパにわたって、スペイン国王やローマ法王との会見を無事成功させた。だが、日本が鎖国政策をとったために、以後、メキシコとの関係は断絶してしまう。

しかし、過去のメキシコとの交流はムダにはならなかった。日本は幕末に開国してから諸外国と通商条約を結んでいくが、それらはすべて、日本側に不利な不平等条約であった。そんななか、明治に入ってメキシコと結んだ日墨（「墨」は漢字一字で表わしたメキシコの意）修好通商条約が、日本にとってはじめての平等条約となる。メキシコは難破船を助けた日本人の親切さや、その後の友好的な交流を忘れていなかったのだ。

メキシコの伝統的な履物にワラッチというものがある。ワラッチという名称の語源は、一説には慶長遣欧使節の侍たちがはいていたワラジ（草鞋）だともいう。たしかに、ワラッチはかかとの低いサンダルであり、ワラジに似ている。説の真偽のほどは定かではないが、本当ならおもしろい話だ。

〈メキシコの代表的人物〉

ベニート・フアレス（1806年－1872年）

1861年に、原住民（インディオ）出身としてはじめて大統領になったベニート・フアレスは、「建国の父」として、いまもメキシコ国民から敬愛されている。彼の残した「他者の権利の尊重こそが平和である」という言葉は国内で語り継がれ、また、誕生日は祝日となっている。

パナマ

ふたつの海をつなぐ、海洋貿易の重要な拠点

働かなくても、食うに困らない!?

運河で有名なパナマは、北米大陸と南米大陸のちょうど境に位置している。気候は1年中温暖で、季節は12月半ばから4月までの乾季と、5月から12月半ばまでの雨季に分かれている。要するに、1年の3分の2は雨季ということだ。そのため、国内で消費するエネルギーの約半分を水力発電でまかなえるというのだから、いかに水に恵まれた国かということがわかる。

恵まれているのは、何も水だけではない。中米・カリブ海地域で唯一、ハリケーンが通過せず、火山や地震といった災害の心配も極端に少ない。自然環境の条件としてはとても恵まれた国なのだ。

暖かくて水が豊富ということは、当然、植物の生長に適した土地となっている。

パナマ共和国

DATA

首都	パナマシティー
人口	340万人（2010、国勢調査）
面積	7万5517㎢（北海道よりやや小さい）
民族構成	混血70%、先住民7%ほか
言語	スペイン語
宗教	カトリック
政体	立憲共和制
名目GDP	約403億米ドル（世界89位、2013、世界銀行）
独立年	1821年（スペインより）、1903年（コロンビアより）
国歌	地峡賛歌

たとえば、パナマ市内の道端には、野生のマンゴーやカシューナッツが腐るほど生えていて、取り放題なのだ。考えようによっては、働かなくても食うに困らない楽園のような国なのである。

そのせいか、パナマ人は中南米のほかの国の人とくらべても、とくにのんびり屋だという。南米などに旅行へ行くと、しつこい物売りに困らせられたという話をよく聞くが、パナマの物売りは道端に座り込んだままで、「買いたい人はどうぞ」といった、やる気がなさそうに見える人が多い。

マックでマシンガンのお出迎え

楽園のような自然環境だからといっ

て、犯罪がないわけではない。

それどころか、貧富の差が大きく、国民の3分の1は貧困層であるため、パナマの治安はお世辞にも良いとはいえない。セキュリティ産業が国の基幹産業のひとつというくらいだから、その危険性はよくわかるだろう。

強盗を防ぐために銀行やホテルにはもちろん、マクドナルドにまでマシンガンを持ったガードマンが店の中にも外にも立っているというのが、パナマの日常風景なのである。ドナルド・マクドナルドではなく、武装したガードマンのお出迎えとは、日本人から見れば、かなりシュールな光景だ。

店で物を買おうにも、いちいち店員がのぞき窓から外を確認し、安全だと判断したら鍵を開けて店に入れてくれるというから、買い物をするのもひと苦労だ。住宅街に目を移すと、盗難を防ぐためエアコンの室外機が柵と鉄条網で囲われている。

ちなみに、首都パナマシティーの治安も悪いが、それ以上に危険なのが、パナマ第二の都市コロンだろう。

コロンには世界最大規模の自由貿易港があり、巨大な問屋街があるなど発展している。その反面、「何も知らない外国人が足を踏み入れると、30分で死体になる」ともいわれる危険すぎる地区も存在するのだ。

● パナマ運河の断面図

完成年：1914年
所在地：パナマ地峡（パナマシティ～コロン）
全長：約80km
最大幅：200mほど

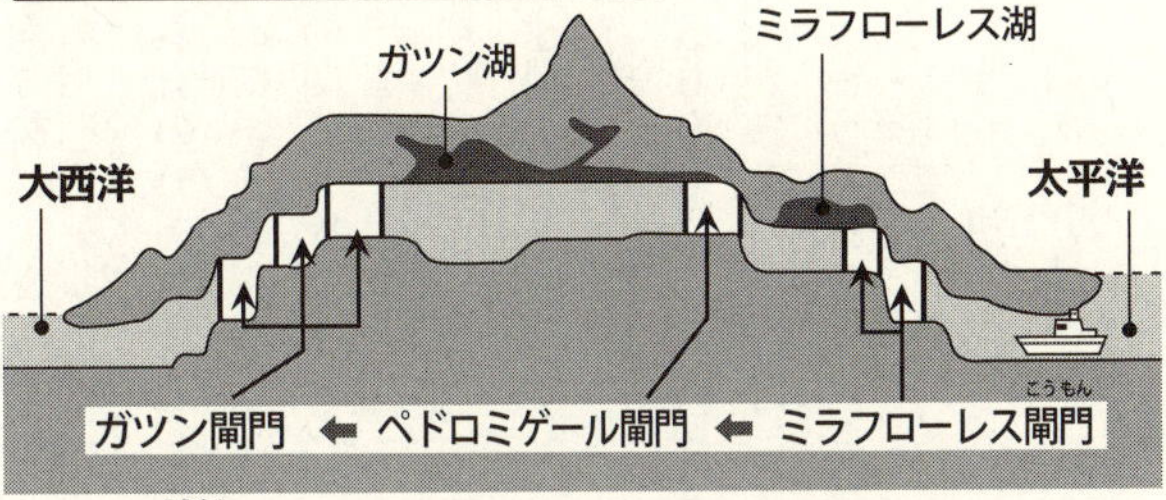

いくつもの閘門《こうもん》をくぐり山を越え、大西洋と太平洋を船が行き来している。

パナマのものじゃなかった運河

この国の象徴であるパナマ運河は、太平洋と大西洋をつなぐ水路で、その全長は80キロメートル、船が通過するのに丸1日かかるという巨大さだ。国際海運貿易の重要地点として、いまも多くの船籍の船が利用している。

ところで、パナマ運河といっても、この運河がパナマのものとなったのは、じつは1999年とつい最近のこと。それまでは、アメリカのものだったのである。

アメリカに所有権があったのは、運河の開通を担ったのがアメリカだったからという理由もある。だが、それ以上に、パナマの独立以来、パナマはアメリカの強い影響下にあり続けてきたということが大きい。

そもそも、コロンビアの一部であったパナマが国家として独立したのも、アメリカの意向によるものであった。そして、以後もアメリカは露骨にパナマを属国扱いし続けてきたのである。

そんな両国の関係を象徴するのが、1989年のアメリカによるパナマ侵攻だろう。当時、パナマの指導者だったノリエガ将軍が自国の意に沿わない行動をしたという理由で、米軍が侵攻。ノリエガを強制的に逮捕してしまった。一国の指導者を他国が勝手に逮捕するというのも常識的には考えられない話だが、さらにアメリカは、このときパナマ軍を解散させている。そのまま現在までパナマ軍は存在せず、国境警備隊が3000人ほど配備されている。

一方で、国民が銃を所有することは法律で許されているというから、平和なのか物騒なのかよくわからない。

アメリカの強い影響下にあるパナマには、独自の紙幣がなく、米ドル札が使用されている。もっとも、強い通貨である米ドルを自国通貨としていることは、経済的には有利で、そのあたりはパナマ人も、強国としたたかにつきあっているといえるだろう。

大平元首相が有名人⁉

日本であまり知られていない話だが、パナマでは意外な日本人が有名になっている。それは、1970年代末に首相を務めていた大平正芳だ。

当時、パナマではパナマ運河に代わる第二運河を建設する計画がもち上がっていた。その計画を積極的に支援しようとしたのが、大平だったのである。

大平は首相在任中に急死し、第二運河計画も頓挫《とんざ》するが、その直後に国家指導者の座についたノリエガは、アメリカに対抗するために日本の資金力に期待していた。そこで、大平元首相の功績を称えようと、パナマ市内に大平の銅像を建て、繁華街に大平通りをつくった。

そのため、パナマでは、多くの人が大平の名に親しみをもっているという。

〈パナマの代表的人物〉
ロベルト・デュラン (1951年－)

パナマのスラム街出身のプロボクサー。通称「石の拳」。4階級制覇を果たすなど、華々しい活躍でパナマの国民的英雄となった。彼が2階級制覇をした日は、一時期、パナマの祝日となっていたほど。日本人ボクサーのガッツ石松とも戦い、これを打ち倒している。

エルサルバドル

アメリカ依存、勤勉と、日本にそっくり!?

内戦と地震で災難続きの「救世主の国」

スペイン語で「救世主の国」という意味のエルサルバドル。首都サンサルバドルも「聖救世主」を意味しており、神々《こうごう》しさならどこにも負けない。しかし、この国の辿ってきた道はあまりにも険しいものだ。

そもそも、こんな大仰な名前をつけたのは、16世紀にこの地を侵略したスペイン人だ。その後、グアテマラやホンジュラスなどと、中央アメリカ連邦を形成して独立を果たすも、直後に分裂。20世紀に入ると近隣国との戦争で疲弊し、国内ではクーデターと内戦が頻発。政権をとった者はほとんどが独裁政治を敷いた。

独裁政権が黒人の入国を禁止したため、先住民は低賃金で働かされ、世界恐慌で主力産業のコーヒーが大打撃を受けたときは、大虐殺の犠牲にもなった。そのせい

DATA

エルサルバドル共和国

首都	サンサルバドル
人口	約630万人（2012、世界銀行）
面積	2万1040㎢（九州の約半分）
民族構成	混血84%、先住民6%、白人10%
言語	スペイン語
宗教	カトリック70%、プロテスタント20%
政体	立憲共和制
名目GDP	約245億米ドル（世界101位、2013、世界銀行）
独立年	1821年（スペインより）
国歌	誇り高き祖国に敬礼

で、現在の先住民比率は６％ほどで、白人との混血が大半を占める。

第二次世界大戦では中立を保ったものの、ホンジュラスとのあいだでサッカー戦争（１６９ページ）が起こると、大量の難民が発生して貧富の差が拡大。「十四家族」という富裕層の支援を受けたテロ組織が、貧困層を支援する聖職者に対して暗殺をくり返した。これに対して、左翼ゲリラや貧困層を中心に「ＦＭＬＮ（ファラブンドマルティ民族解放戦線）」が結成されて政府軍と激突し、約12年にわたって「エルサルバドル内戦」が続く。

この内戦では、アメリカの支援を受けた政府軍により戦線側が虐殺され、１９９２年に国連のＰＫＯが派遣されるまで、約7万5000人の死者を出した。

国連の調停により内戦が収束したのも束の間、2001年には大地震が発生し、死者1200人、被災者150万人という大被害を受ける。さらに、2005年には、国内最高峰のサンタ・アナ火山が噴火。ハリケーンにもたびたび見舞われており、2009年11月のハリケーン「アイダ」により、死者124人を出した。「救世主がいるなら早く助けて！」と、思いたくなるほど災難続きだ。

アメリカ依存で、街の風景はアメリカそっくり

中米で唯一カリブ海に接しないエルサルバドルは、島国を除く南北アメリカ大陸では国土面積が最小で、人口密度は最大だ。九州の半分ほどの土地に、約630万人が暮らす。しかも、総人口の3分の1は首都のサンサルバドルに集中する。名目GDPは中米5位（2013年）であり、国民間の格差は大きい。

そんなエルサルバドルの経済を支えているのがアメリカだ。2001年から主要通貨を米ドルに移行したため、旧通貨のコロンが衰退。アメリカ資本のマクドナルド、スターバックス、ケンタッキーフライドチキンなどが数多く出店しており、首都のサンサルバドルの風景は、ほぼアメリカである。

●南北アメリカ大陸の国と日本の人口密度の比較

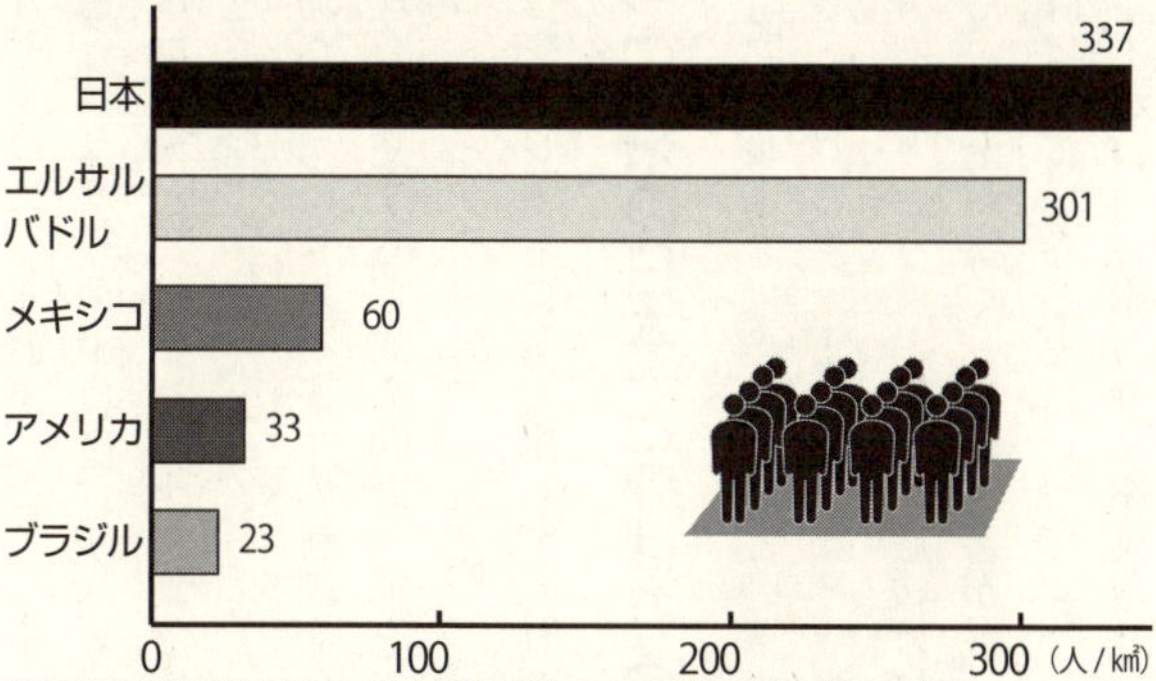

出典：2013年「世界経済のネタ帳」(人口〈出典：IMF〉と面積〈出典：外務省〉をもとに算出)

エルサルバドルは人口のわりに国土が狭いため、日本の人口密度に近い。

また、内戦などで多くのエルサルバドル人がアメリカに移住したほか、出稼ぎのためにアメリカに渡るケースも多い。そうした在米エルサルバドル人が、本国の家族に送る金額だけでも年間36億900万ドルにもなり、最大の外貨収入源となっている。2009年に「FMLN」が与党となり、左派政権が誕生したが、アメリカに依存する姿勢は変わらない。

料理店にメニューがない

アメリカ資本のお店は高値のため、ファストフードなのに食べられるのは一部の富裕層。多くのエルサルバドル人は、昔ながらの食文化を崩していない。

トウモロコシ粉を使ったトルティー

ジャやタコスが主食で、とくにトルティージャの中にチーズを入れた「ププサ」が国民食。ププサの中には、豚肉やフリホーレス（煮豆）を入れる場合もある。トウモロコシ粉と具材をバナナの葉で包んで蒸したエルサルバドル風ちまきの「タマル」も定番料理。これらはププセリア（ププサ屋）やコメドール（食堂）で手軽に食べられる。

ただ、エルサルバドルの料理店にはメニューがない。ガラスケースに並べられた料理を注文する方式なのだ。初心者にはハードルが高いので、はじめての人は「キエロ・ムイ・ティピコ！（わたしは典型的な料理が食べたい）」と注文すると、定番料理をワンプレートにして出してくれる。ちなみに「おいしい」は「ムイ・ビエン」だ。

「中米の日本」と呼ばれるほど勤勉な国民

時間にルーズで当たり前というのがラテンのイメージだが、エルサルバドル人は、そんなルーズさとは無縁なほど時間に正確、しかも寡黙で仕事熱心。穏やかで忍耐力もあるという、お気楽で底抜けに明るい中米人のイメージをことごとく覆す国民性だ。国土が狭く、自然災害が多いという共通点もあり、実際に「中米の日本」とも呼ばれている。とはいってもフレンドリーな一面もあり、話しかけるとよろこぶ。とくにかわいい赤ちゃんを見ると「抱かせて！」と気さくに声をかけてくる。

かつては殺人事件発生率で世界2位にランクインする治安の悪い国だっただけに、赤ちゃんを預ける不安がないわけではない。ただ、基本的にエルサルバドル人は子ども好きなので、ショッピングモールなど広い場所での交流はさほど問題ない。

そもそも、エルサルバドルの犯罪のおもな原因は、「マラ・サルヴァトルチャ（MS－13）」と「18番街（M18）」という2大ギャングの抗争にあった。

2012年には政府のテコ入れにより両ギャングのあいだで休戦協定が結ばれ、翌年の犯罪率は3分の1にまで減少した。依然として悪の道に足を踏み入れる若者も多いが、政府は母子家庭へのサポートや、教育費の援助などで子どもを保護している。

長引く戦乱で多くの孤児が生まれ、人口の約半分が24歳未満という若い国だけに、子どもたちの成長が、エルサルバドル再建の鍵といえるだろう。

〈エルサルバドルの代表的人物〉

マクシミリアーノ・エルナンデス・マルティネス（1882年－1966年）

37歳で准将となり、クーデターで大統領に就任。マタンサ大虐殺で3万人の農民を処刑して独裁を強め、恐怖政治を敷く。1944年に辞任後ホンジュラスに亡命したが、83歳で農園の労働者に暗殺された。日本の傀儡《かいらい》として誕生した満州国を世界ではじめて承認している。

ニカラグア

国民性もインフラも、ゆっくりと発展中

中米一の湖と美しい火山

巨大な湖や火山など、さまざまな自然環境で知られるニカラグアは、中米のちょうど真ん中あたりに位置する。

西海岸の中部には、琵琶湖の10倍以上も大きいニカラグア湖が広がっている。この湖は世界の淡水湖のなかで10番目に大きく、中米最大である。南米をふくめても、ペルーとボリビアにまたがって広がるチチカカ湖の次に大きい。また、湖の中には、ふたつの火山が連なるオメテペ島をはじめとした、いくつもの火山島が浮かんでいる。

ニカラグアを代表する火山に、西部のモモトンボがある。たびたび噴火し、地震の発生源ともなったことで国土に多大な被害をもたらしてきたが、左右対称の美し

ニカラグア共和国

DATA

首都	マナグア
人口	約599万人（2012、世界銀行）
面積	12万9541㎢（北海道と九州を合わせた広さ）
民族構成	混血70%、ヨーロッパ系17%、アフリカ系9%、先住民4%
言語	スペイン語
宗教	カトリック
政体	共和制
名目GDP	約113億米ドル（世界130位、2013、世界銀行）
独立年	1821年（スペインより）
国歌	ニカラグア、汝に敬礼せん

い姿は国民に愛され、国のシンボルにもなっている。

ニカラグアでは、マッチ箱の意匠から壁画まで、このモモトンボの姿を見る機会は多い。いわば日本でいうところの、富士山のような存在なのだ。

他人のひざの上に子ども!?

国名の由来は、スペインの侵略に立ち向かった先住民の首長ニカラオの名からきている。このことからもわかるように、この国は、もとはスペインの植民地であった。

現在のニカラグアは、世界的にもあまり多くはない16歳以上の国民全員に選挙権があるという民主国家だが、1990

年初頭までは独裁政権や内乱などによる混乱が続いた。そのため、中南米でもっとも貧しい国のひとつであり、教育水準の低さから識字率も70％を切っている。つまり、30％の国民は字が書けない。インフラの整備も遅れており、停電や断水などは日常茶飯事だ。

それでも、楽天的で陽気な国民性は失われていないというから、さすがである。停電や断水があっても、「いつものことさ」と笑ってやり過ごしてしまうのである。

ニカラグアには、中南米の国のなかでも、とくに人懐っこく、おおらかで親切な人が多いという。込み合ったバスに乗ったさいなど、座っている知らない人のひざの上に、母親が平気で子どもを乗せる光景がよく見られる。座っている人のほうも、自分から手を差し伸べて受け取ることが多い。日本では考えられない習慣だが、現地の人は日本人のひざの上にも躊躇《ちゅうちょ》なく子どもを乗せてくるという。そのときはだっこしてあげよう。

ちなみに、ニカラグアには鉄道がいっさいなく、おもな交通手段はバスかタクシーだ。かつては鉄道も存在していたが、自然災害の影響などもあって経営不振が続き、次々と廃止されてしまったのである。

２００１年に最後の鉄道が廃止されて以降、新設される気配もない。最初から

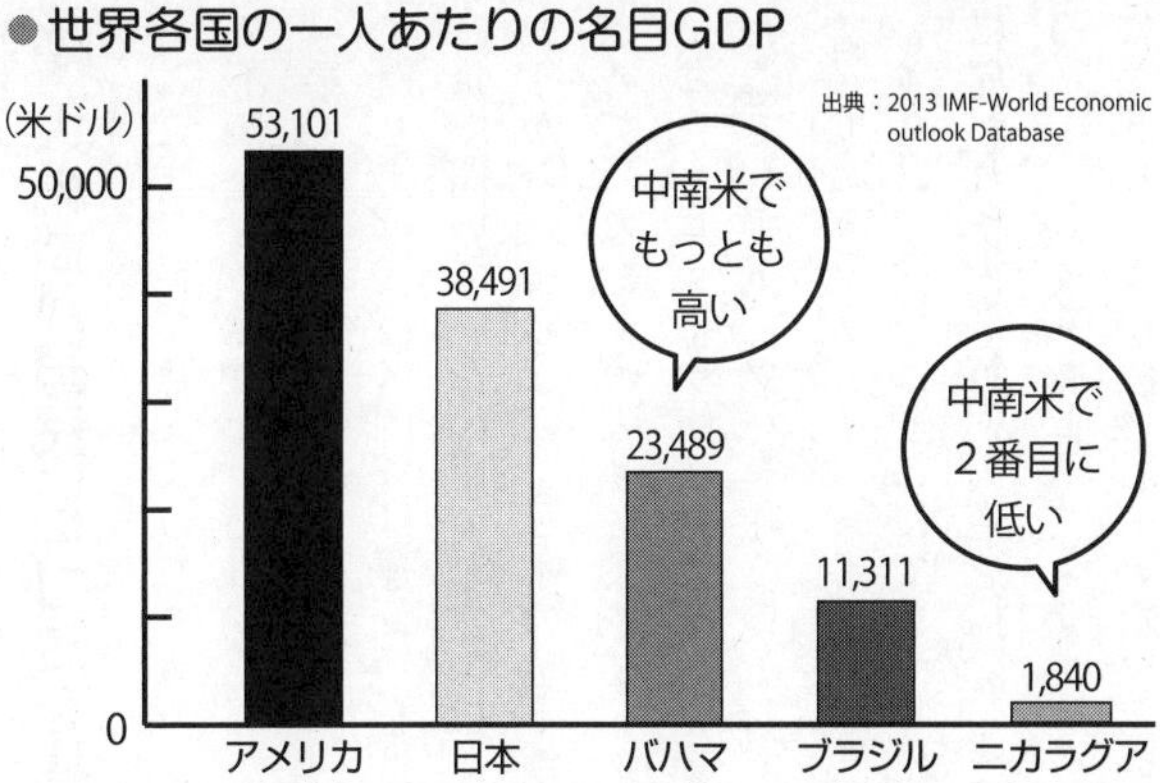

ニカラグアの名目GDPは、中南米でもっとも高いバハマの13分の1程度しかない。

ないならともかく、いきなりなくなってしまっては非常に不便なような気もするが、現地の人たちにとっては「なければないでいいや」という感じなのだろう。おおらかなニカラグア人らしい。

らしいといえば、何十年経っても進展のない国家的なプロジェクトがある。ニカラグア湖に、パナマの運河のような水路をつくり、太平洋と大西洋をつなぐという計画が、何度ももち上がっては頓挫している。最初に計画が立てられたのは、パナマ運河の開通より前だという。

いっこうに実現の芽が見えないのは国の貧しさもあるだろうが、国民の性格にとどまらず国全体にもおよぶ、ゆる〜い感覚があるからなのだろう。

大統領が国民に「ゴミを捨てないで」とお願い

ここまで見てきたようなニカラグア人は、とまどうことはあっても日本人にとって不快なものではないだろう。だが、日本人からすると、正直受け入れがたい習慣もいくつかある。

たとえば、バス内では運転手をはじめ、何人もの乗客が、それぞれ違う音楽を大音量で聞いているのだ。ときには、聞いている当人の生歌まで混じることもあるというからたまらない。日本の地下鉄における、携帯音楽プレイヤーからの音漏れどころではない、うるささである。

また、ニカラグア人の多くは、道端だろうと、店内だろうと、バス内だろうと、どこでも平気でツバを吐く。そして、それを気にしたり、注意したりする人は、まったくいないのだ。

さらに、彼らはどこにでもすぐにゴミをポイ捨てしてしまう。とりあえず、役所に雇われた人が毎朝、道を掃除しているが、その端からみんながゴミを捨ててしまうので、いくら掃除しても追いつかないというのが実情だ。つまり、国民のあいだに公共ルールが浸透していないというわけだ。

さすがに、この事態を困ったことだと考えるニカラグア人もいたようで、そこで、大統領がみずから国民に向けて、「ゴミを道に捨てないでください！」とお願いしたこともある。だが、必死の訴えさえも国民にはあまり届かず、ほとんど効果はなかったようだ。

ところで、おおかたの日本人にとってニカラグアは縁遠い存在だろう。しかし、日本との国交は戦前の１９３５年に成立しており、じつはそこそこ長いつきあいのある国なのである。２００５年には、ニカラグア国内で日本との外交関係樹立70周年を記念した切手も発行された。

そのほかにも、ニカラグアには日本の援助でつくられた橋や病院、上水道などが多数あり、それらの援助に対する感謝の記念切手も、いくつか発行されている。

〈ニカラグアの代表的人物〉

アウグスト・セサル・サンディーノ（1895年－1934年）

20世紀初頭、実質的にニカラグアを支配していたアメリカに対して抵抗した革命家。アメリカからは犯罪者扱いされたが、中南米では今も英雄視されている。米軍を撤退させた直後に暗殺された。だが、彼の遺志は同志が引き継ぎ、やがて同国の独裁政権を倒した。

グアテマラ

古代遺跡から通貨まで
マヤ文明の伝統を残す

派手好きなマヤ文明の継承者

コロンブスのアメリカ大陸「発見」前、グアテマラはマヤ文明の中心地として栄えてきた。マヤ文明はすぐれた天体観測の技術によって1000年後までのカレンダーを作成していたことで知られる。グアテマラ人は、中南米諸国ではもっとも先住民の比率が高い。マヤ系先住民だけで約半数を占め、混血の人々もマヤの伝統を受け継いでいるため、実数はもっと多いともいわれている。

北はメキシコとベリーズ、南にエルサルバドルとホンジュラスと接し、西は太平洋、東はカリブ海に面した中米の要衝だが、経済規模は中米でも中の下。国民の多くは現在もウィピル（貫頭衣）やコルテ（巻きスカート）といった民族衣装をまとい、伝統的な暮らしをしている。この民族衣装は赤黒黄白碧（青）の5原色からなり、

DATA

グアテマラ共和国

首都	グアテマラシティー
人口	1471万人（2011、国立統計院推計）
面積	10万8889㎢（本州の半分ほど）
民族構成	マヤ系先住民46%、混血30%、その他の先住民族24%
言語	スペイン語、22のマヤ系言語
宗教	カトリック約70%、プロテスタント約30%
政体	立憲共和制
名目GDP	約544億米ドル（世界77位、2013、世界銀行）
独立年	1821年（スペインより）
国歌	Himno Nacional de Guatemala（グアテマラの国歌）

赤は東の太陽、黒は西の日没、黄色は南のトウモロコシ、白は北風、碧は世界の中心、というマヤの世界観を表現している。グアテマラ人のファッションには、つねにこの5原色が使われており基本的に派手。幾何学模様や動物柄、花柄などとデザインも豊富だ。

「チキンバス」と呼ばれるローカルバスも、極彩色に塗られてひとつとして同じ柄のバスがない。日本の「デコトラ」のような電飾がなくても、十分派手だ。

チキンバスの由来は「チキンでも詰め込むように乗客を乗せる」、「チキンを運ぶようにガンガン飛ばす」などの説があるが、グアテマラは車優先社会で、狭い道でも車はスピードを落とさない。

定員オーバーでも気にせず、道端で待つ人をサッと乗せては急発進。悪路でも急カーブでも、歩行者がいてもお構いなし。満員の車内を縫うように車掌が運賃を徴収するという、スリリングな乗り物となっている。

外国人への挨拶は「○○に行ったか?」

国内のあちこちに石造りのマヤ遺跡が残っており、観光地には事欠かない。なかでも、ジャングル内に建てられたマヤ文明の「ティカル遺跡」が有名。グアテマラ人は、外国人と見れば「ティカルには行ったか?」「案内してやろうか?」と声をかけるのが挨拶のようなもの。なお、国内には活火山と休火山合わせて37の火山があり、標高1562メートルのカルデラ湖「アティトラン湖」は、「世界一美しい湖」とも呼ばれている。

国鳥となっているケツァールは、マヤの神であるケツァルコアトル(ククルカン)の使いとされており、グアテマラの通貨単位もケツァルという。このケツァールは、日本ではカザリキヌバネドリと呼ばれて、中南米の森林地帯に生息している。グアテマラ人の色彩感覚と同じく、派手な碧色の羽毛を身にまとった美しい鳥だ。

このように、マヤの文化が現在も息づいているが、先住民の生活は苦しい。国民

ケツァールはお腹の赤い部分を除き、碧の羽毛に全身がおおわれている。

の半数、つまり大多数の先住民の生活費が1日2ドル以下。国民の生活の豊かさを示す「人間開発指数（UNDP）」（2012年）は、中南米ではハイチの次に低い。主要輸出品目のコーヒーも、観光客や業者向けのお店以外ではほぼ手に入らない。

また、グアテマラはトウモロコシが主食。トウモロコシ粉を練って焼いたトルティージャが一般的で、マヤ神話が収められた『ポポル・ヴフ』では、人間はトウモロコシからつくられたと伝えられる。

ほかにもトウモロコシ粉の「マサ」を使った料理が豊富だ。クリスマスにはマサに豚脂を加えて練り、肉や野菜と蒸した「タマル」を食べ、打ちあがる花火を眺めながらささやかにお祝いする。

部族ごとに言葉や習慣が異なる

グアテマラ人は、家族を大事にする。性格は素朴で恥ずかしがりやだ。ただし、恋愛に関してはラテン気質で情熱的な男性が多く、女性は自信家で明るく社交的。アジア人を若干見下す傾向が見られるが、仲良くなればとても親切にしてくれる。

ただ、同じマヤ民族といってもさまざまな部族がいる。「グアテマラ」という国名はナワトル族の使うナワトル語で、「森の地」という意味になる。人数が多いのはキチェ族やカクチケル族で、部族ごとに言葉も習慣も違う。このため、グアテマラではスペイン語が公用語のほか、22の先住民言語も使われている。

とはいえ、先住民の子どもはサトウキビ畑やコーヒー農園で働かされ、学校にも通えずにスペイン語もわからない子どもが少なくない。地方では部族単位でまとまって暮らしているため、行った場所ごとにまったく違った印象を受けるだろう。ある地方では、頼んでいない料理を出され文句を言うと、「わたしは間違ってない」と店員が開き直る。別な地方では「よく来たな」と、歓待されることもある。

そもそも、マヤ文明がスペインに滅ぼされたのも、部族間の意思統一がむずかしかったためといわれている。侵略者に対して組織的な反抗を行なえず、征服者に取り込まれて他民族を弾圧した部族もあった。

スペインは部族間の対立を煽《あお》ることで、1300年続いたマヤ文明を10年足らずで滅ぼしたのだ。

内戦を経て安定した21世紀を目指す

1838年の独立以来、グアテマラでは独裁と内戦とクーデターがくり返され、そのしわ寄せは先住民に向けられてきた。1960年から36年間続いた「グアテマラ内戦」は、東西冷戦の煽りを受け、20万人以上の死者と、15万人以上の難民を出した。先住民に対する虐殺なども行なわれ、96年に国連の介入を経て、ようやく中米最後の内戦は終結した。

民政移管した21世紀には、無事に任期満了を迎える大統領が続く。多発する犯罪や先住民の貧困など、問題は山積みだが、日本などの援助を受けながら、平和の道を模索している。

〈グアテマラの代表的人物〉

リゴベルタ・メンチュウ（1959年－）

1992年に史上最年少となる33歳の若さでノーベル平和賞を受賞。マヤ系のキチェ族出身の女性人権擁護運動家。先住民の権利回復を求める活動に従事し、ユネスコ親善大使も務める。内戦時代にあった先住民の大量虐殺に対する裁判の必要性を訴え続けている。

コスタリカ

軍事力を保有せず、教育に力を入れる国

太平洋から大西洋まで最短で100キロメートル強

中米で非常に細長い地形をした国がコスタリカだ。太平洋から大西洋まで、国土のいちばん幅の細いところで119キロメートル、いちばん幅のあるところでも226キロメートルしかないという。もっとも、いくら幅がないといっても、国土の中央を3000メートル級の山脈が貫いているため、車で数時間走れば太平洋から大西洋に抜けられるというわけではない。

国名はスペイン語で「豊かな海岸」を意味している。コロンブスがこの地に上陸したさい、原住民が金細工の装飾品を身につけているのを見たことから、この名前がつけられたとされている。

19世紀初頭に独立したころは、国土の95％が未開の地であり熱帯雨林だったが、

DATA

コスタリカ共和国

首都	サンホセ
人口	約480万人（2012、世界銀行）
面積	5万1100㎢（九州と四国を合わせたほどの広さ）
民族構成	スペイン系及び先住民との混血95%、アフリカ系3%、先住民他2%
言語	スペイン語
宗教	カトリック（国教、ただし信教の自由あり）
政体	共和制
名目GDP	約496億米ドル（世界79位、2013、世界銀行）
独立年	1821年（スペインより）
国歌	高貴な故国、美しき旗

現在は開発が進み、熱帯多雨林の比率は40％程度にまで低下している。

それでも、コスタリカは「環境保護先進国」と呼ばれるくらい国が積極的に自然保護に力を入れているおかげで、地球上の全生物種の5％が生息しているといわれる。

世界唯一の非武装永世中立国

この国の最大の特徴は、なんといっても非武装永世中立国だということだろう。永世中立国というとスイスをイメージする人が多いかもしれないが、スイスには立派な軍隊がある。

コスタリカは〝非武装〟、つまり軍隊をもっていない。永世中立を宣言し、かつ非武装の国は世界中でもコスタリカだけだ。

もちろん、最初からコスタリカに軍隊がなかったわけではない。独立以来、100年以上は軍隊を保持していた。

だが、1948年の大統領選の不正がきっかけで内戦が起こってしまった。その反省から、軍隊は政治を混乱させる原因だとして、翌年に発布した新憲法に「軍隊の放棄」を明記し、実際に軍隊を解散させてしまったのである。そのうえで、「兵士の数だけ教師を」というスローガンのもと、軍事予算を教育予算に回したため、国民の教育レベルが向上し、コスタリカは中南米の国のなかではトップレベルの識字率を誇っている。

軍隊をもっていないといっても、憲法には「非常時には徴兵制を敷いて、軍を組織できる」と書かれているので、軍事力を有する権利を完全に放棄しているわけではない。要するに、もし外国が攻めてきたときには、自衛のために軍隊をつくるということだ。

それでも、コスタリカの非武装中立路線は中米各国から信頼を得ており、この地域で紛争が起こったさいには、仲介役を果たすことも多い。1987年には、オスカル・アリアス・サンチェス大統領が、中米和平合意成立の功績によってノーベル平和賞を受賞している。

軍隊が存在しないため、ほかの中南米諸国のような軍事クーデターが起こらず、政治の安定が経済成長につながっていて、コスタリカは中米のなかではパナマの次に豊かな国となっている。

だからなのだろう、この国はイギリスのシンクタンク「ニュー・エコノミスト財団」の2012年度の報告書によれば、「世界幸福度指数」でトップにランクインしている。この国の安定と成長は発展途上国にとって手本になっており、「コスタリカに学べ」という運動が世界中に広まっている。

ちなみに、コスタリカは、世界ではじめて公衆電話が導入された国でもある。

日本では携帯電話の普及であまり見かけなくなった公衆電話だが、この国では今も多くの国民に利用されている。

〈コスタリカの代表的人物〉

フランクリン・チャン=ディアス（1950年－）

コスタリカの首都サンホセに生まれたが、少年時代に宇宙飛行士にあこがれてアメリカに移住。苦学の末、NASAの宇宙飛行士となり、スペースシャトルの搭乗員となった。中南米出身で大気圏外に出たのは彼が初。母国では名誉市民として数々の勲章を受章しており、尊敬されている。

ホンジュラス

麻薬組織との抗争で、治安の悪化に揺らぐ

サッカーが原因で隣国と戦争!?

国土の8割近くを山岳地帯が占め、1年中暖かいホンジュラスは、中米のほぼ中央に位置している。国名の由来には諸説あるが、もっとも有力視されているのは次のようなものだ。

16世紀初頭にコロンブスがこの地を訪れたさい、錨《いかり》を降ろそうとしたら思いがけず海が深く、海底まで届かなかった。そこで、スペイン語で「深い」という意味の「オンドゥラ」と名づけた。この「オンドゥラ（ス）」を英語読みしたのが、「ホンジュラス」というわけだ。

中米諸国のなかでホンジュラスは、ニカラグアと並んで貧しい。国民の6分の1近くが失業者であるともいわれている。そんな貧しい人々の心の支えとなってい

ホンジュラス共和国

DATA

首都	テグシガルパ
人口	約 794 万人（2012、世界銀行）
面積	11 万 2492㎢（日本の約 3 分の 1 弱）
民族構成	ヨーロッパ系・先住民混血 91%、その他 9%（先住民 6%、アフリカ系 2%、ヨーロッパ系 1%）
言語	スペイン語
宗教	伝統的にカトリック（信教の自由を憲法上保障）
政体	立憲共和制
名目GDP	約 188 億米ドル（世界 109 位、2013、世界銀行）
独立年	1821 年（スペインより）
国歌	Himno Nacional de Honduras（ホンジュラスの国歌）

るものがふたつある。キリスト教に対する篤い信仰心と国民的な娯楽であるサッカーだ。

ただ、ホンジュラス人のサッカーへの熱狂ぶりはときに行き過ぎてしまい、１９６９年には隣国エルサルバドルとサッカーの試合でのトラブルが原因で戦争にまでなってしまったことも。いわゆる、「サッカー戦争」である。

きっかけは、ＦＩＦＡワールドカップの予選で起こった、両国のサポーターどうしの乱闘だ。この騒ぎは、自動車１５０台が放火され、暴行による死者が発生するまでにエスカレート。そして、これにより両国の関係が急速に悪化し、開戦に至ったのである。

もちろん、戦争になったのはサッカーだけが原因ではなく、長年の国境問題や、ホンジュラス国内のエルサルバドル移民問題、貿易問題などさまざまな要因が重なってのこと。だが、スポーツの試合がきっかけで戦争にまで発展してしまったのは、ただ単にサッカーへの熱い思いが行き過ぎたのが、理由なのかもしれない。

ちなみに、サッカー戦争は周辺諸国の仲介により短期間で停戦したが、ワールドカップ予選のほうはエルサルバドルが勝ち上がり、同国は初出場を果たした。そういう意味で、この戦争はホンジュラス国民にとっては苦い記憶となっている。

治安悪化に日本の交番制度を導入

貧困と並んで、ホンジュラスを悩ませているのが近年の急激な治安の悪化だ。ホンジュラスは南米の麻薬が北米に持ち込まれるさいの中継地になってしまい、麻薬組織の抗争が激化しているのである。

2014年現在、ホンジュラスの殺人発生率は人口10万人あたり86人という数字になっている。日本は10万人あたりひとり。銃社会のアメリカでさえ5人だから、この数字がいかにひどいものかがわかるだろう。さらにいえば、首都テグシガルパでは、この数字が99・69人と跳ね上がる。

当然、政府も手をこまねいているわけではなく、日本を見習って交番制度を導入したりしているが、残念ながら、政府が期待していたほどの効果は出ていない……。

ホンジュラスのおまわりさんも、相手が武装した麻薬組織では苦労が絶えないことだろう。

危険ということでいえば、「世界でもっとも危険な空港のひとつ」とも言われるテグシガルパのトンコンティン国際空港も忘れてはいけない。

この空港の滑走路は、かなり短いうえに、なんと片側が斜面になっていて傾いているのだ。つまり、飛行機は機体を斜めにしながら着陸しなければならない。2008年には着陸失敗事故も起こっているが、けっしてパイロットを責められないだろう。

〈ホンジュラスの代表的人物〉

フェルナンド・ソト・エンリケス（1939年－2006年）

ホンジュラス空軍のパイロット。「サッカー戦争」のさい、F4U コルセア戦闘機に乗り込み、エルサルバドル空軍のマスタング戦闘機１機と FG-1D 戦闘機２機を撃墜した。これは、レシプロ機（プロペラ機）どうしの空戦としては、今のところ史上最後のものとして記録されている。

ベリーズ

中米でもっとものどか。
外国人御用達の観光立国

世界中のダイバーあこがれの聖地

イギリス領から独立を果たしたのが1981年という、南北アメリカ大陸でいちばん新しい国がベリーズだ。

ただ、独立したといってもイギリス連邦に引き続き加盟しており、国家元首はイギリス女王のエリザベス二世となっている。実際の政治的な権限はないものの、女王の代理人としてイギリス本国から総督が赴任している。そして当然、公用語も英語だ。

国名は、かつてこの地に栄えていたマヤ文明の言葉で「泥水」を意味する。そう聞くと、海や河の水がにごっているかのように思うかもしれないが、実際のベリーズは、国名とはまったく違い、とても美しい自然にあふれている。

ベリーズ

DATA

首都	ベルモパン
人口	32.4万人（2012、ECLAC）
面積	2万2963㎢（四国より少し大きい。日本の約16分の1）
民族構成	メスティーソ49%、クレオール25%、マヤ11%、ガリフナ6%、その他10%
言語	英語（公用語）、スペイン語、クレオール語、マヤ語、ガリフナ語など
宗教	キリスト教（カトリック、プロテスタント、英国国教会ほか）など
政体	立憲君主制（英連邦に属する）
名目GDP	約16億米ドル（世界166位、2013、世界銀行）
独立年	1981年（イギリスより）
国歌	自由の地

とくに世界第2位の面積を誇る珊瑚礁《さんごしょう》が広がる海の美しさは世界的に有名で、「カリブの宝石」とも呼ばれている。「世界の7大水中景観」のひとつともいわれているベリーズの珊瑚礁は、世界自然遺産にも登録されている。また、大手の旅行口コミサイトが発表した「世界のベストアイランド2014」でも、ベリーズの珊瑚礁域に浮かぶアンバーグリスキーという島が、堂々の1位に選ばれたほどだ。

さらに、この付近の海底には「ブルーホール」と呼ばれる、世界的に見てもめずらしい巨大な海底鍾乳洞がある。

毎年3月から6月にかけての満月の前後にジンベエザメが集まるスポットが

あったり、マナティやイルカといった日本でも人気の高い水棲哺乳類がたくさん生息しているなど、ダイバーにとっては至れり尽くせりの「聖地」なのだ。

ただ、人気の観光地なだけあって、ほかの中南米の国より、少々物価が高いのは玉に瑕《きず》といえる。

信号は10機未満。地方は馬が交通手段

珊瑚礁を除くと、あとはマヤの遺跡群があるぐらいで、ほかにベリーズの売りとなるものはあまりない。産業も発達しておらず、農業と観光業が国の収入の大半を占めている。

首都ベルモパンも「世界一牧歌的な首都」といわれるほど、本当に何にもないところで、人影もまばらだ。

もっとも、これには深い事情がある。もともと首都は海岸部にあったベリーズシティだったのだが、1961年にハリケーンで甚大な被害を受けたため、やむを得ず政治機能だけを内陸部のベルモパンに移したのだ。2014年現在でも、ベリーズ最大の都市は旧首都のベリーズシティであり、この街に国民の3割近くが暮らしている。

のどかということでいえば、ベリーズには、なんと信号機が10個もない。しかも、そのうちのひとつは、ずっと故障しているという。それでも交通事故は多くはないようだ。

そもそも交通量が少なく、地方では今でも馬がメインの交通手段という事情もあるが、ベリーズのドライバーはほかの中南米の国にくらべて運転マナーがいいのも、事故が少ない理由だ。

最後に余談だが、ベリーズの国旗には植民地時代初期の開拓の苦労を忘れないために、斧とノコギリを肩にしたふたりの男の姿が描かれている。世界の国旗のなかで人物が描かれているのは、この国だけなのだ。

〈ベリーズの代表的人物〉

マヌエル・エスキベル（1940年－）

政治家。イギリスの大学院で物理学を学んでいた。独立後の1984年から89年と、93年から98年の2度にわたりベリーズの首相を務めたことから、2010年にはイギリスから聖マイケル・聖ジョージ勲章を贈られ、ナイトの爵位を得ている。

＼つながっている!／

日本に入ってくる中米産の品物

コーヒー豆は、南米とカリブ諸国の特産品というイメージがあるかもしれない。だが、中米でもさかんに生産し、日本にコーヒー豆を輸出している。コーヒー専門店に置いてあったら、味と香りの豊かさを楽しみたい。

意外なものではコスタリカから集積回路を輸入している。人件費の安い現地の生産品によって、日本のＩＴ社会は支えられているのだ。

じつは、国内で流通しているごまの99%は輸入品で、グアテマラやニカラグアからは白ごまを輸入している。和食に欠かせない食品が中米産だったのだ。

■中米からのおもな輸入品

メキシコ	電気機器、科学光学機器、一般機械、銀、豚肉、自動車、果実、非鉄金属鉱
パナマ	船舶、金属くず、コーヒー、牛肉、エビ
エルサルバドル	コーヒー、衣類
ニカラグア	コーヒー、採油用の種、ごま、衣類、魚介類（エビ）、肉類
グアテマラ	コーヒー、砂糖、ごま
コスタリカ	コーヒー、集積回路
ホンジュラス	コーヒー、衣類
ベリーズ	魚介類、果実

エリア3

カリブ海

カリブ海 MAP

海賊でにぎわった島々は小さくても個性的な国々

美しい海に囲まれた、欧米人たちのリゾート地。

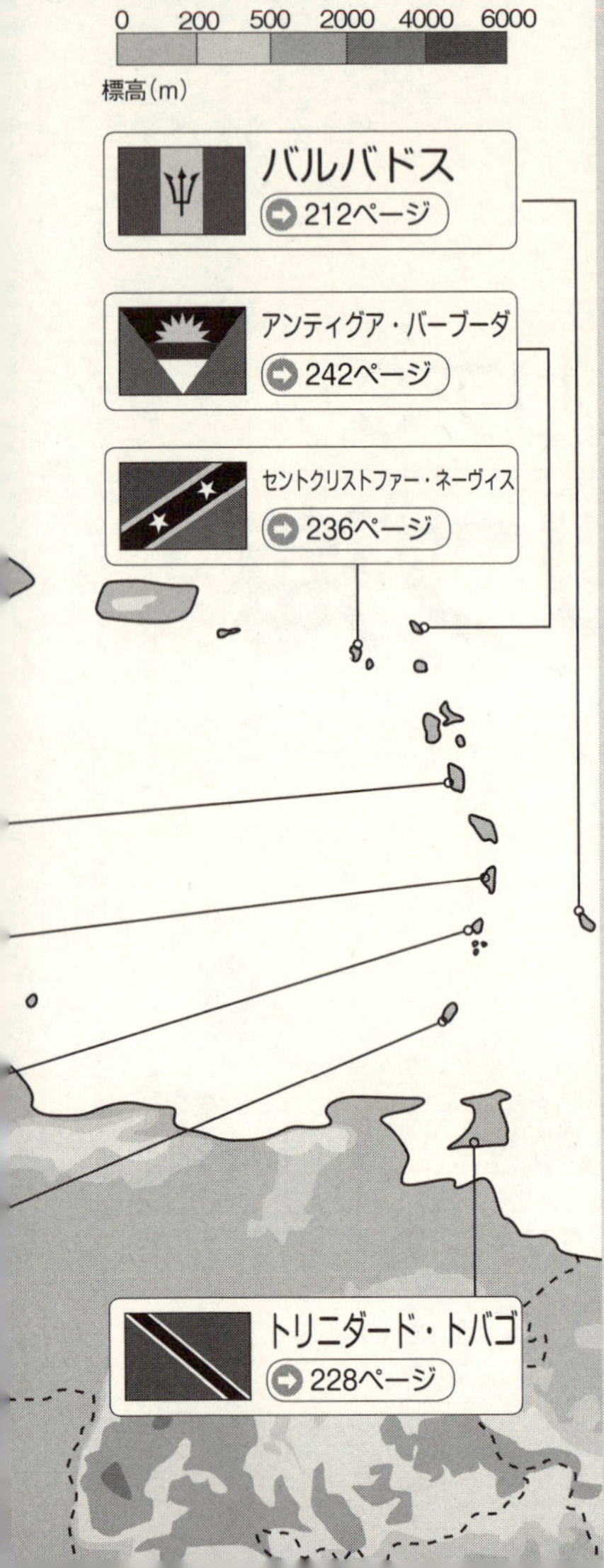

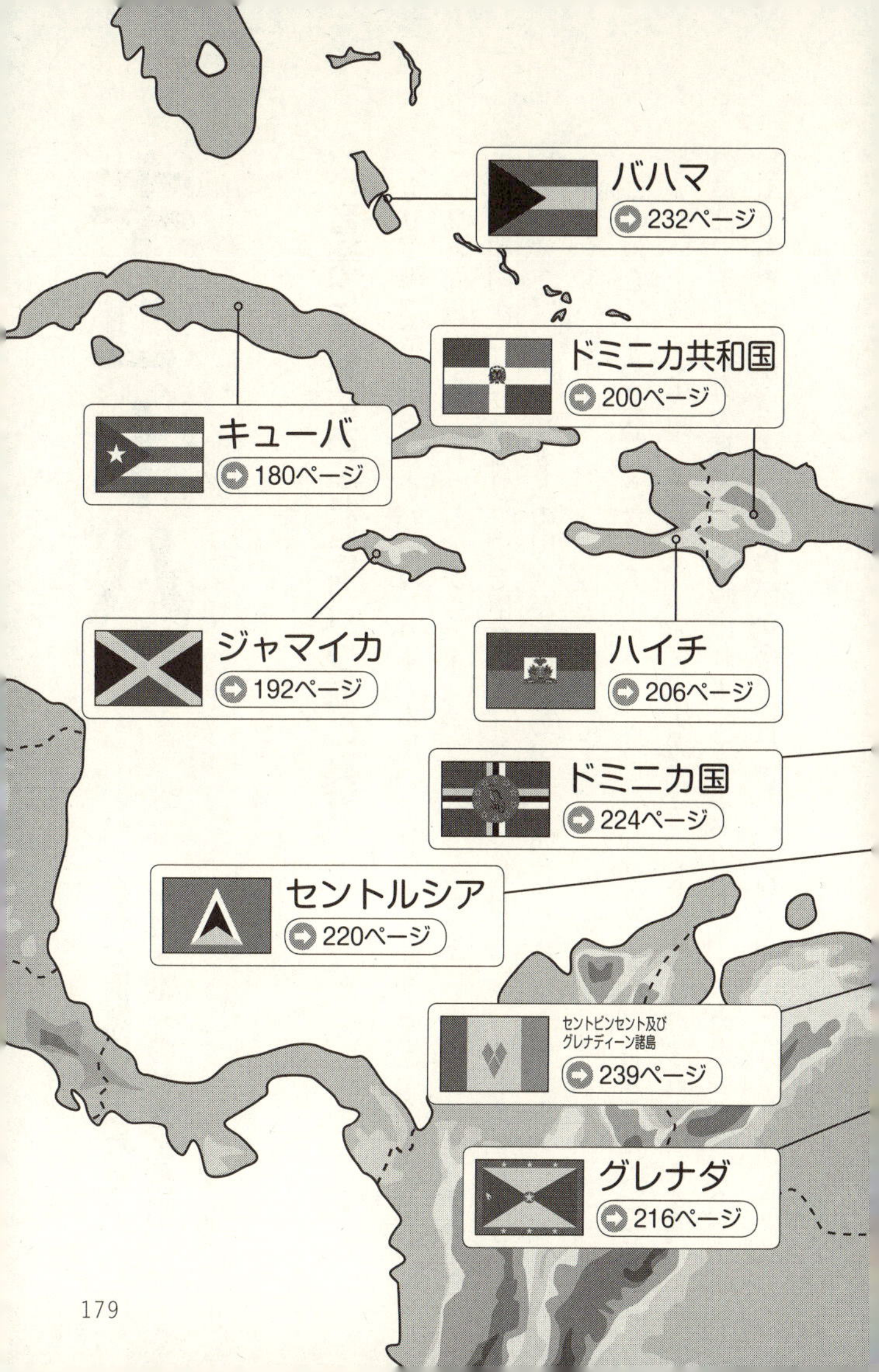

バハマ
232ページ
ドミニカ共和国
200ページ
キューバ
180ページ
ジャマイカ
192ページ
ハイチ
206ページ
ドミニカ国
224ページ
セントルシア
220ページ
セントビンセント及び
グレナディーン諸島
239ページ
グレナダ
216ページ

キューバ

音楽と情熱にあふれた、中南米唯一の社会主義国

音楽と情熱にあふれたカリブ海の真珠

カリブ海で最大のキューバ島は、日本の本州の半分ほどの大きさで、東西に長い。この島と周辺の小島からなるのがキューバだ。南にジャマイカ、東にハイチ、ドミニカ共和国があり、フロリダ湾を隔てた145キロ北には、アメリカ合衆国本土が見える。ただ、アメリカとの国交がないため、日本から行くにはカナダやメキシコを経由する必要がある。

この地をはじめて訪れたクリストファー・コロンブスは「人間の目が見たもっとも美しい土地」と表現しており、なだらかな平地で、美しい海に囲まれたこの常夏の島は、「カリブ海の真珠」とも呼ばれる。一方で、南北アメリカ大陸初の社会主義国であることから、「カリブに浮かぶ赤い島」という異名をもつ。

HOLA!!
外国タバコの代わりに、葉巻をプカプカ。
とことん陽気で、つねに楽器を奏でている。
新車の代わりに乗るのはクラシックカー。

首都ハバナはカリブ海最大の都市でもあり、大航海時代は貿易船のほか海賊たちの寄港地としてにぎわっていた。現在でも、スペイン植民地時代の建物が多数残され、世界遺産にも登録されている。このハバナ旧市街のほか、トリニダとロス・インヘニオス渓谷など、９つの世界遺産を有する。

ハバナ郊外のマリアナオ、北部のバラデロ、キューバ島南西に浮かぶ「青年の島」など、有名なビーチリゾートも多数点在し、世界中から観光客が訪れる。雨季の8月~10月に吹き荒れるハリケーンさえなければ、「この世の楽園」と言っても誇張でないだろう。

かつてはアメリカ暗黒街のボスとして知られたアル・カポネも、バラデロのビーチでバカンスを楽しんでいたという。文豪のアーネスト・ヘミングウェイは、ハバナで晩年までの22年間を過ごし『老人と海』を書き上げている。

☼白人と黒人が融合した気質

キューバ人の性格は、ほかのラテンアメリカと同様、明るく陽気で気さく。反面、キューバ革命を成功させたように、反骨心が強く辛抱強い一面もある。
社会主義国らしく人に「同志（コンパニェーロ）」と呼びかけ、「同志、席があいたぜ」

キューバ共和国

首都	ハバナ
人口	約1116万人(2012、国家統計局)
面積	10万9884㎢(本州の半分ほど)
民族構成	※社会主義国のため未統計
言語	スペイン語(英語)
宗教	カトリック、サンテリーアなど多数
政体	共和制(社会主義)
名目GDP	約643億米ドル、(2012、公益財団法人 国際金融情報センター)
独立年	1902年(アメリカより)
国歌	バヤモの歌

「同志、どこから来たんだい?」と日常会話で気軽に使う。

また、自己主張が強く議論好きでもあり、「会議主義」と呼ばれるほど会議を開く。ただし、「聞いてくれよ(オーイエメ!)」とそれぞれが自分の意見ばかりしゃべるので話がまとまらない。

このクバーナ(キューバ人)の国民性を生んだのがムラート(混血)だ。

スペイン人はキューバに入植するとき、まず住民を蹂躙《じゅうりん》して絶滅させ、労働力としてアフリカから黒人奴隷を多数連れてきた。やがて白人と黒人のあいだで混血化が進み、スペイン譲りのお気楽で何でも受け入れるラテン気質と、黒人らしい反骨心と忍耐力が融合したのだ。

1959年のキューバ革命時、政府は人種差別を撤廃し「キューバ人とは、白人以上、ムラート以上、そして黒人以上のものである」と、三者を同列に扱うように布告した。キューバ政府は「差別を助長する」と、人種統計を出していないが、日本の外務省の推計では、白人25%、黒人25%、そしてムラートが50%となっている。まさに、ムラートが中心となってつくり上げた国民性だといえるだろう。

☼ダンスとラム酒と葉巻があればOK

社交ダンスでも定番となっているマンボやルンバをはじめ、ハバネラ、サルサといったアフロキューバン音楽の発祥地。とにかく音楽とダンスが大好きなのがキューバ人だ。このダンス、相手が友達か恋人かでステップが違うといい、「キューバ人はダンスで会話する」とまで言われるほど。気軽に踊っているうちに、「今晩どう?」と誘われて、OKしてしまっている可能性だってある。

しかも無類のお祭り好きで、レストランでは毎晩バンドの生演奏が行なわれ、毎週どこかでコンサートやフェスティバルが開催されている。中南米では定番のカーニバルはもちろん、年末にはハバナ最大の大晦日パーティーが開かれ、年が明ければ解放記念式典へとなだれ込む。キューバ人はひとりで過ごすことがほとんどない

●世界で人気のおもなキューバ産葉巻

銘柄	解説
コイーバ	キューバ産の葉巻でいちばんの知名度と品質、味わいを誇る。カストロ議長の指示のもとつくられた。
モンテクリスト	フランスの小説『モンテクリスト伯』に登場する人物から名がついた。ソフトな味わいから、ファンが多い。
パルタガス	キューバでもっとも古いメーカーのひとつで、通好みの強い甘みが特徴とされている。

上記3銘柄をはじめ、キューバ産の葉巻は世界中のタバコ愛好家に親しまれている。

のだ。

そんなキューバ人に欠かせないのがラム酒と葉巻。キューバでは、サトウキビとタバコの栽培が主力産業。サトウキビを原料とするラム酒は、「ハバナ・クラブ」「カリビアン・クラブ」「バラデロ」の3銘柄が輸出されているが、国内では10種類以上のラム銘柄がある。

ふつうはストレートで飲むが、レモンジュースと砂糖を加えてミントの葉を添えた「モヒート」は、日本でも大流行した。ヘミングウェイが愛したという「ダイキリ」もラムベースのカクテルだ。

キューバ葉巻は高級品として世界でも知られている。この葉巻のことをキューバでは、日本語と同じ「タバコ」という。

これは、もともと日本語の〝タバコ〟の語源が、スペイン語の〝ｔａｂａｃｏ〟からきているからだ。世界にも愛好家の多いキューバ産葉巻は「コイーバ」「モンテクリスト」「パルタガス」など約30種類近くがあり、それぞれブレンドや巻き方、形状によって香りや味が違う。ちなみに、キューバ革命の立役者となったチェ・ゲバラは、ジャングルでの虫除けのために葉巻を愛用していたという。

もちろん、国民すべてがラム酒と葉巻をたしなむわけではなく、一般的にはコーヒーが飲まれている。カフェでは水よりコーヒーのほうが安く、濃いエスプレッソコーヒーに砂糖をたっぷり入れて飲むのがキューバ流。

主食は日本と同じくお米だ。油を入れて炊いた白飯に豚肉やニンニク、豆を煮込んだスープをかけた「フリホーレス」、干し肉のダシでイモやモロコシを煮込んだ、シチューのような「アヒアコ」などが国民食だ。

意外なのが、海に囲まれた島国だというのに魚をあまり食べないことだろう。鮮魚の保存がむずかしく、流通量が少ないのが、そのおもな理由だ。代わりに、肉類が食べられる。なかでも、豚肉が大好物だ。親戚の集まるパーティーでは、豚一頭を丸焼きにした「プエルコ・アサード」をみんなでたいらげる。鶏肉、ワニの肉なども人気だ。

●野球のキューバ代表の国際試合の成績とおもな選手

ワールド・ベースボール・クラシック	準優勝1回 (出場3回)
オリンピック	優勝3回、準優勝2回 (出場5回)
おもな代表選手	アロルディス・チャップマン(投手) アリエル・ペスタノ(捕手) オレステス・キンデラン、アントニオ・パチェコ、エドゥアルド・パレ、オマール・リナレス(内野手) フレデリク・セペダ(外野手) アレクセイ・ラミレス(内・外野手)

WBCの代表選手は、国際試合で実力を認められたあと、キューバをはなれていく。

スポーツ選手は国家公務員

スポーツ大国としても有名なキューバは、オリンピックでもバレーや野球などで活躍。アメリカの傀儡《かいらい》だった時代には、数多くのキューバ人メジャーリーガーを輩出しており、オリンピック種目から野球が消えても、WBCでは上位の常連だ。

街の広場では、子どもたちが野球に興じている姿がよく見られる。ただし、貧しいため揃いのユニフォームなどない。バットは棒きれだし、素手でボールをキャッチする。はだしで走り回っている子どもたちの夢は、スポーツ選手養成学校に入って国家代表になることだ。

キューバは社会主義のためプロ選手が

存在せず、スポーツ選手は国家公務員の扱いだ。

そんなキューバ選手が、日本のプロ野球に参加する。2014年、キューバ代表のフレデリク・セペダが読売ジャイアンツと契約した。これは、年俸の20％をキューバ政府に支払うという新制度のもと可能となった事例で、キューバ選手の日本への初移籍だ。今後、日本プロ野球界をはじめ、世界のプロ野球界で活躍するキューバ選手も増えるだろう（ただしメジャーリーグへの移籍は不可）。

日本とキューバの野球交流は、キューバの前指導者だったフィデル・カストロ議長の意向もあったという。カストロ議長は、日本のプロ野球にくわしく、親日家でもあった。日本がＷＢＣで優勝したときも称賛のコメントを寄せている。

貧しいけれど、学費と医療費は無料

アメリカからの経済制裁が続くキューバでは、国民の生活は豊かとはいえない。現在も大半の物資は配給制。家庭菜園で野菜を育てて食糧不足を補っている。

しかし、教育・医療といった政策は徹底している。なんと、国家予算の20％が教育、20％が医療福祉に配分されているのだ。大学までの学費は全額無料で、医学部は外国人留学生でも学費免除となる。さらに、医療費も無料だ。

●世界各国の人口1万人あたりの医師数

出典：2012年WHO「World Health Statistics」

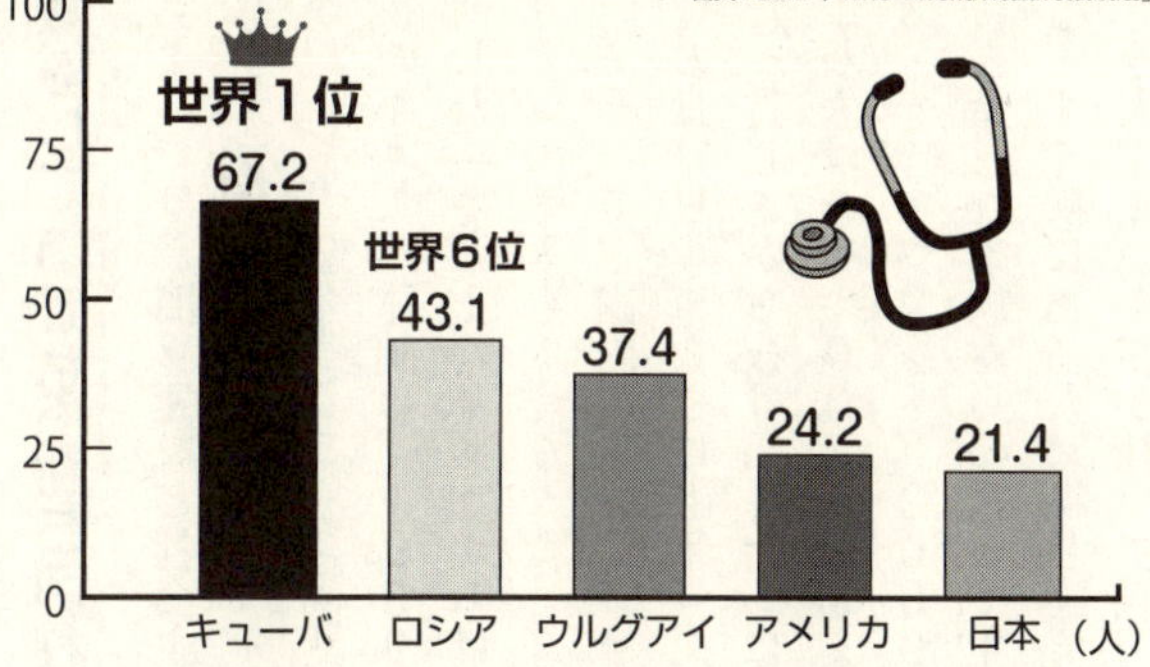

日本やアメリカ、中南米2位のウルグアイとくらべてその差は歴然だ。

小学校は20人、中学校は15人の少人数学級制をとり、教員一人あたりの生徒数は日本の16・5人よりはるかに少ない5・3人。人口1万人あたりの医師数も、日本が21・4人なのに対して67・2人もいる。もっとも給料が安いため、ほとんどの教師はアルバイトをしている。

ところが、医師の数こそ多いが、医薬品は不足しがちで十分な治療を受けられないことも多い。そのため、医師をアフリカやブラジルなど医師の足りない国に派遣して、外貨を稼いでいる。

南米や社会主義国では、キューバの医療技術に対する信頼性は高い。ベネズエラのチャベス大統領も、がんに侵された際、キューバで治療を受けている。

敵対していても、断ち切れない関係

キューバでは、旧ソ連など社会主義国の車に混じって、アメリカ本国ではとっくにスクラップになった50年代フォードやパッカードが、いまだに街中を走っている。これが、「レトロカーマニアの楽園」とも言われるゆえんだ。

現在のキューバ体制は、1959年にアメリカの傀儡《かいらい》となっていたバティスタ政権を倒した「キューバ革命」からはじまる。革命によりアメリカとの国交が途絶えアメリカ車の輸入もなくなった。経済状況もきびしくなり、庶民は気軽に新車を買えない。そこで、国内の古いアメリカ車を修理して現在も使っているという。本当は燃費の良い日本車などにも乗りたいに違いない。

また、貧しさから抜け出すために、ボートピープルとなってアメリカに亡命したキューバ人はのべ100万人を超える。野球のキューバ代表だったエースのアロルディス・チャップマンも、2009年に亡命してメジャーリーガーとなった。アメリカに亡命した家族からの送金で生活しているキューバ人もいる。どんなに仲が悪くても、すぐ隣にあるため関係を完全に断ち切ることはできないというわけだ。

そもそも、キューバが社会主義国となったのも、アメリカとの国交が途絶え、アメリカと敵対していたソ連に援助してもらうために、社会主義を受け入れたにすぎない。

社会主義国となっても信教の自由は認められていて、カトリック教徒の共産党員もいる。かといって、教会で毎週ミサに参加するような敬虔《けいけん》な信者は少なく、「クリスマスを祝う」「結婚式は教会で挙げる」といった程度の、「なんちゃってカトリック」が多い。ほかにも、アフリカ起源のサンテリーア、ハイチのブードゥー教といった土着信仰なども同時に信仰しており、交霊会などスピリチャルなものも人気がある。

イデオロギーだろうと宗教だろうと、自分たちに都合よく解釈するお気楽さは、クリスマスやハロウィンもイベント化しながら、お盆や節分も祝う日本人の感覚にもちょっと似ている。アメリカのことも、心底嫌いなわけではなさそうだ。

〈キューバの代表的人物〉

フィデル・カストロ（1926年－）

キューバ共和国前元首。チェ・ゲバラとともにキューバ革命を戦った元弁護士。バティスタ政権打倒後に国家評議会議長となり、50年にわたってキューバを統治し反米主義を貫く。日本では「カストロ議長」と呼ばれた。2011年、弟のラウルを後継者として政権から退いた。

ジャマイカ

音楽に、スポーツに、開放感が漂う常夏の国

カリブの海賊のホームタウン

降り注ぐ太陽と青い海、街中ではいつでも音楽が流れる「レゲエの聖地」。カリブ海の大アンティル諸島で3番目に大きなジャマイカ島は、コロンブスによって「発見」され、スペイン領を経てイギリス領となり、1962年に独立を果たした。90％以上を黒人が占め、英連邦の一員のため国家元首はイギリス国王。公用語は英語だが、「パトゥア（パトワ）」というアフリカ系言語とミックスされた形だ。

映画『パイレーツ・オブ・カリビアン』に登場するポートロイヤルは、首都キングストンからすぐ南にあった港町。イギリス領だった時代にはここに首府が置かれ、イギリス海軍だけでなく、海賊船や私掠船《しりゃく》でにぎわい、荒くれ者が闊歩《かっぽ》していた。

その名残りなのか、ジャマイカ人はけんかっ早い。ふだんは陽気で人なつっこい

Yah-man!!
音楽とダンスのおともに、ラム酒が手放せない。
ドレッド・ヘアは、ラスタファリの証。
Pow!!
街中にスピーカーを置き、ガンガン音楽を流している。

のに、沸点がとても低くてすぐにキレるのだ。「今、肩が当たったぞ！」、「わたしの彼氏に色目使ったわね！」、「運転手、停止位置がずれたぞ！」と、些細《ささい》なことですぐにけんかになる。殺し合いに発展することもしばしばで、10万人あたりの殺人事件数（2012年）は日本の40倍。少年でも護身用にナイフを持ち歩いているという。もっとも、犯罪がとくに多いのは、首都のキングストンのダウンタウンが中心だ。

怒らせると怖いが、根にもたないのもジャマイカ人の特徴である。男女の恋愛も開放的で、結婚しないまま子どもをつくってしまうことが非常に多い。むしろ結婚した夫婦間に生まれた子がわずか15％ほど。つまり、私生児が当たり前なのだ。

ジャマイカ人女性にとって、出産は自分がモテることの証。そのため結婚するまでは自由に遊んで、美貌に衰えの見えはじめる30代から結婚を考える。平均初婚年齢は33・2歳。日本を上まわる世界最高の晩婚国だ。ただ、子どもは一族全員で面倒を見るという伝統があり、シングルマザーに対する偏見は低い。

神聖であり、違法な「ガンジャ」

フォーク風のメントや、ブラスバンドスタイルで軽快な音楽を奏でるスカなど、ジャマイカの音楽は世界中に広まっている。なかでも人気なのはレゲエだ。

ジャマイカ

DATA

首都	キングストン
人口	276.1万人（2012、ECLAC）
面積	1万1424㎢（秋田県くらい）
民族構成	アフリカ系91%、混血6.2%、その他2.6%
言語	英語、英語系パトゥア（パトワ）語
宗教	プロテスタント約60%、カトリック約4%、その他約36%
政体	立憲君主制（英連邦に属する）
名目GDP	約143億米ドル（世界120位、2013、世界銀行）
独立年	1962年（イギリスより）
国歌	我々の愛する地、ジャマイカ

レゲエフェスも多く、毎年12月には、1マイルごとに巨大スピーカーを置き、レゲエを聴きながらノリノリで走る「レゲエマラソン」なる大会が開かれている。

じつはレゲエの歴史は意外と浅い。1960年代、カリブ海の黒人貧困層に、アフリカ回帰を呼びかけるラスタファリ運動が盛り上がるなか、運動を実践する「ラスタマン」たちから生まれたものだ。

ラスタマンの意味には諸説あるが「ぼろ布」や「口ゲンカ」という説が有力だ。

レゲエ好きには、ラスタヘアやドレッドと呼ばれるヘアスタイルが定番。これは旧約聖書に「身体に刃を入れてはいけない」とあるため、髪や髭《ひげ》をまったく切らず、縮れた毛がからまってできた髪型だ。現在はこれに似せた髪型もドレッドと呼ばれるが、ラスタファリの信奉者は10％ほどしかいないため、本来の意味でのドレッドを実践している人は少ない。

このラスタファリで欠かせないのがガンジャ、つまりマリファナだ。ラスタファリでは、ガンジャは神聖な植物とされており、ガンジャを吸って仲間との一体感を深める。実際、タバコ1本よりもガンジャ1袋のほうが安く手に入る。旅行者にも「どうだ」と気軽に勧めてくる。てっきり合法かと思ってしまうが、これが間違い。ジャマイカでもやっぱりドラッグは禁止されている。政府が、大麻密売のギャングを一斉検挙することもある。

しかし、とても取り締まりきれないので、通常は野放しになっており、これがジャマイカの治安の悪さの原因のひとつといえるだろう。ただ、ジャマイカ人なりにマナーはあって、「歩きタバコ」ならぬ「歩きガンジャ」はダメらしい。

紅茶をたしなむコーヒーの名産地

日本でなじみがあるのは、高級コーヒー豆の「ブルーマウンテン」だろう。ジャマイカ最高峰のブルーマウンテン山麓一帯で栽培されるコーヒー豆は、香り豊かで繊細な味わいがあると評価が高い。

● 初婚年齢が高い世界の国

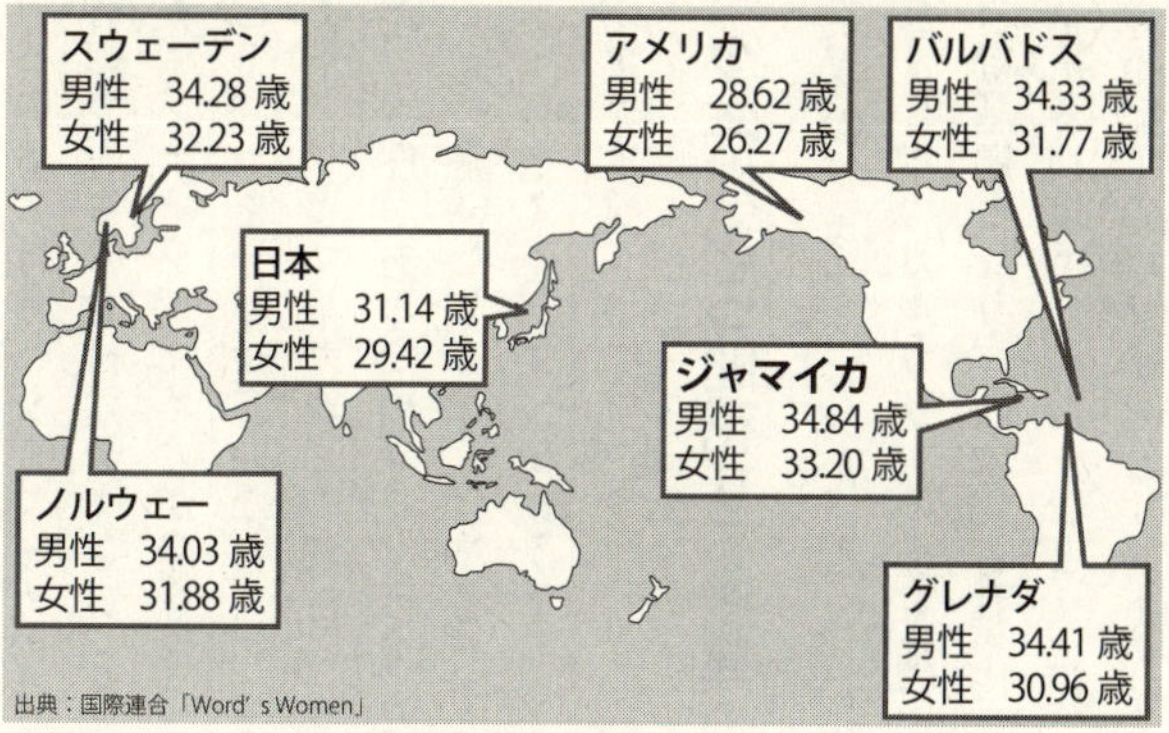

男女ともに、ジャマイカ人の初婚年齢がもっとも高い。

ただ、日本以外ではそんなに人気がないそうで、ブルーマウンテンの80％以上が日本に輸出されている。ジャマイカ人でさえ、ブルマンに練乳を入れて飲んでいるというから、コーヒー通にはショッキングな話だ。

じつは、旧英国領のジャマイカではコーヒーより紅茶派が多い。朝食は紅茶とパンで軽く済ませ、午後は英国式アフタヌーンティーで優雅なひと時を楽しむ。

夜はバーに行く。定番のお酒は「レッドストライプ」というビール。ジャマイカの警察は赤い線の入った制服を着ているため「酒を飲むならレッドストライプに気をつけろ」と言われていたのが由来。もっとも、警察のお世話になるほど酔うのはラム酒のほう。ジャマイカのラムは、味も色も濃厚なヘビーラムが多数だ。料理で人気の食材はチキンで、スパイスに漬け込んだ鶏肉を焼き上げた「ジャークチキン」はジャマイカが発祥地。これにココナッツと赤い豆で炊いた「ライスアンドピーズ」を合わせていただく。そのほか、牛肉、豚肉、ヤギ肉も食べられている。

また、ジャマイカ独特の食材にアキーがある。これはアフリカ原産の赤い木の実だが、毒性があるためアフリカでもほとんど食べない。しかしジャマイカでは、熟して実が開いたところを、熱湯でゆでて毒を抜いて食べる。ちょっと手間はかかるが、日本でフグを食べるようなもの。アキーと鱈《たら》の塩漬けをいっしょに焼いた「アキーアンドソルトフィッシュ」が国民食となっている。

少年期から開花する驚異の身体能力

常夏のジャマイカでは雪など見たこともない人がほとんど。だからこそ、1988年のカルガリー冬季五輪に、ジャマイカからボブスレーチームが出場したときは話題となり、映画化された。94年のリレハンメル五輪では、ロシアなどの雪国を抜き14位となった。ひとえに黒人特有の身体能力の高さといえるだろう。

短距離走のウサイン・ボルトやアサファ・パウエル、古くはベン・ジョンソンにさかのぼるまで、歴代の世界記録保持者には、ジャマイカ出身者がずらりと並ぶ。ジャマイカは世界屈指の陸上王国だ。

強さの秘密は、毎年春に開催される「チャンプス」という陸上大会にある。中高生の大会だが、日本の甲子園と箱根駅伝を足したくらいの人気があり、国民の半数近くがテレビにクギづけになる。大会で活躍した選手が、未来のオリンピック選手候補というわけだ。

日本がサッカーW杯初出場を果たした98年のフランス大会。同じく初出場だったジャマイカは予選で日本と対戦。日本では、FIFAランキングでずっと下位のジャマイカを軽視する声もあったが、結果は日本の負け。どんな競技も本気を出すと強いことを実証した。ちなみに、ジャマイカの国技は、サッカーでも陸上でもなくクリケットだったりする。

〈ジャマイカの代表的人物〉

ボブ・マーリー (1945年－1981年)

17歳でデビューし、貧しい人々の現状を憂い権力への反抗を歌い、世界にレゲエを広めた「レゲエの神様」。政情不安から亡命を余儀なくされたが平和を訴え続け、世界のミュージシャンに大きな影響を与えた。メラノーマと脳腫瘍のため36歳の若さで病死した。

ドミニカ共和国

メジャーリーガーを多数輩出する野球大国

コロンブスの弟が開拓した島

ドミニカ共和国の国土は、キューバのすぐ東に位置するエスパニョーラ島の東部の約3分の2を占める。何を隠そう「スペイン領」を意味する「エスパニョーラ島」と名づけたのは、1492年にこの島に到達したコロンブスだ。

ほかのカリブ海の国々と同じく亜熱帯に位置するが、全土がひたすら暑いわけではない。国土の中央にはカリブ海でもっとも高いドゥアルテ山(標高3175メートル)があり、高地では年間の平均気温が18度ほどのところもある。

国名はコロンブスの弟バルトロメが築いた首都サントドミンゴ(聖安息日)に由来するといわれる。ややこしいことに西の小アンティル諸島にも「ドミニカ国」があるが、こちらの国名はカトリックの聖人ドミニコにちなんでいるという。

子どもから大人
までスポーツと
いえば野球。
Hit!!
スポーツをして
いるのもあっ
て、ガタイがと
てもいい。

夢は「メジャーで成り上がり」

中米きっての野球大国として知られるドミニカ共和国では、国民の多くが野球を行なうため「子どもはバットとともに生まれる」とまで言われる。

２０１３年の第３回ワールド・ベースボール・クラシック（ＷＢＣ）では、８戦全勝で優勝を飾った。代表選手たちは、いかにもカリブ海のラテン系男子という感じでひたすら陽気でノリが軽いが、国内ではだれもがあこがれるヒーローだ。

南米の多くの国ではサッカー選手になることが、庶民が貧困から抜け出す大きな手段となっているが、ドミニカ共和国の場合はそれが野球なのだ。

２０１３年のドミニカ共和国における国民一人あたりの名目ＧＤＰは日本の６分の１弱しかない。貧困のため犯罪も多く、発電設備も貧弱なのでよく停電が起こる。なんと町の信号機が電力不足で機能していないこともあるという。そんな環境で育った男の子は「アメリカに行って野球で成功するんだ！」と思っているのだ。

中南米でサッカーより野球がさかんな国はアメリカ文化の影響が強い。ドミニカ共和国はもともとスペインの植民地で、サトウキビやカカオの栽培がおもな産業だったが、20世紀に入るとアメリカ人が多くの農場を支配するようになった。

DATA

ドミニカ共和国

首都	サントドミンゴ
人口	約1028万人（2012、世界銀行）
面積	4万8442㎢（東北6県から岩手県を除いた広さ）
民族構成	混血73%、ヨーロッパ系16%、アフリカ系11%
言語	スペイン語
宗教	カトリック
政体	立憲共和制
名目GDP	約608億米ドル（世界71位、2013、世界銀行）
独立年	1844年（ハイチより）
国歌	勇敢なるドミニカ人

１９１６年には反米派のアリアス将軍がクーデターをくわだてたが、これを鎮圧するため、アメリカ軍が上陸して24年まで全土を占領した。じつは、ドミニカ共和国のプロ野球チームは、このアメリカ占領時代の22年につくられたのだ。

１９３０年にアメリカの後ろ盾で大統領に就任したトルヒーヨは野球リーグの発展に寄与したが、一方で「わしはドミニカ共和国を白人の国にする！」と言ってハイチ系の黒人を大量に虐殺した。

とはいえ、ドミニカ共和国も国民の70％以上が白人と黒人の混血で、現在では黒人の野球選手も大勢活躍している。

キューバも野球がさかんな国だが、今やアメリカに進出する選手は親米国のドミニカ共和国の出身者が多数派で、1950年代からすでに500人以上もの選手をメジャーリーグに送り込んでいる。アルフォンソ・ソリアーノやデビッド・オルティーズなど名選手だ。日本でも、千葉ロッテマリーンズで活躍するカルロス・ロサ選手、中日ドラゴンズで活躍するダニエル・カブレラなどがいる。

☼バナナはおやつではなく主食

野球以外にもドミニカ共和国と日本には、文化的な共通点もある。ドミニカ共和国でも米が日常的によく食べられているのだ。ただし、栽培されている米は、東南アジアなどに多く見られる長粒種がメインで日本のものとは少しちがう。

国民がよくランチメニューにしている「バンデーラ」という料理がある。炒めた白米と、赤い豆やトマトソースで煮込んだ牛肉などを、ドミニカ共和国の国旗のように紅白がくっきりわかるように盛りつけたものだ。

さらに、熱帯らしくプラタノというバナナの一種を主食としている。これは甘みがなく、加熱して食べるため、果物というよりイモに近い感じだろう。おやつに分類されがちな日本のバナナとはだいぶ異なるのだ。

鬼のお面で悪魔払い

カーニバルにも、日本と少し似た習俗がある。ディアブロという鬼の面をかぶった人が、ボールの入った袋で祭りの客をたたいてまわり、悪魔払いをするというのだ。獅子にかみつかれると病気が治ったり頭が良くなったりするとされる、日本の獅子舞を、なんだか連想する話だ。

そんな陽気な雰囲気のドミニカ共和国だが、日本との関係ではちょっと苦い記憶もある。

1956~59年にかけて、日本政府は1319人の開拓移民を送り出した。ところが、政府による交渉の不備などから、耕作には適さない荒れ地が提供され、日系移民は大変な苦労を重ねたのだった。それでも、その後、日系移民は現地の農業に寄与したことで大いに感謝されている。

〈ドミニカ共和国の代表的人物〉

ペドロ・マルティネス (1971年-)

首都サントドミンゴに近いマノグアヤボ出身の野球選手。アメリカのボストン・レッドソックス、ニューヨーク・メッツなどで投手として活躍。2009年にはWBCの代表選手にも選ばれた。日本からメジャーリーグ入りした松井秀喜はマルティネスを「最高の投手」と呼んでいる。

ハイチ

アフリカ文化を受け継ぐブードゥー教が広まる国

カリブ海きってのアフリカ系大国

エスパニョーラ島の西部の3分の1を占め、山が多く、平地は国土のわずか17%しかないため、農耕にはあまり向かない土地――それがハイチだ。

お隣のドミニカ共和国と何が違うのかといえば、ドミニカ共和国は旧スペイン領なのでスペイン語が公用語なのに対し、ハイチは旧フランス領なのでフランス語が公用語なのだ。そして、フランス語だけでなく、アフリカ大陸から連れてこられた黒人奴隷たちの故郷である西アフリカの言葉と、フランス語が入り混じった独自のクレオール語も使われている。

民族構成も大きく異なる。ドミニカ共和国はスペイン系白人と先住民の混血が約75%を占めるが、ハイチは黒人奴隷の子孫が約90%を占める。同じ島なのに、国境

DATA

ハイチ共和国

首都	ポルトープランス
人口	1013.5万人（2012、ECLAC）
面積	2万7750㎢（北海道の約3分の1程度）
民族構成	アフリカ系約90%、その他混血
言語	フランス語、クレオール語（ともに公用語）
宗教	キリスト教（カトリック、プロテスタント等）、ブードゥー教等
政体	立憲共和制
名目GDP	約85億米ドル（世界138位、2013、世界銀行）
独立年	1804年（フランスより）
国歌	デサリーヌの歌

をまたげば使う言葉も、人の顔も変わってしまうのだ。

不思議キャラいっぱいのブードゥー教

ハイチは「アフリカ以上にアフリカ的な国」といわれる。アフリカの多くの国はヨーロッパ人による植民地化で西洋文化が広まった。その代わりに自分たちの文化を失ったが、19世紀はじめに独立国になったハイチでは、黒人奴隷たちの先祖の文化が強く残った。

それをよく示すのが、ブードゥー教だ。これは、黒人奴隷たちの先祖がもっていた西アフリカ土着の信仰とキリスト教が融合した独自の宗教で、明確な経典などはないが、ハイチを中心にカリブ海の黒人のあいだに広まっている。

ブードゥー教では、あらゆる人やものには「ロア」と呼ばれる精霊が宿っていると考える。信徒はキリスト教のマリア像やカトリックの聖人像も拝むが、それらもブードゥー教の精霊が姿を変えたと見なしているのだ。

ブードゥー教の伝承には、天地を創造した巨大な2匹の蛇「アイダとダンバラ」、黒い燕尾《えんび》服に黒い帽子の死神「サムディ男爵」、大きな袋を抱えて子どもをさらいに来るお化けの「トントン・マクート」など、ユニークなキャラクターがいる。日本の昔話に出てくる河童や天狗、人を化かす狐のような存在だ。

ホラー映画でもおなじみのゾンビもブードゥー教に由来するが、本来は動く死体ではなく、呪術者が仮死状態の人間を操っていたものだといわれる。ハイチでは、ゾンビは決して遠い昔話の存在ではなく、現代でもときどき「ゾンビが出た！」という都市伝説が人々のあいだで噂されることがあるそうだ。

庶民は、ハロウィンなどの四季折々の祭りではキリスト教の聖人とともにこうしたブードゥー教の神々や精霊をまつり、病気などのさい、ブードゥー教の呪術師にまじないを依頼するのだ。

先祖の習俗と結びついたブードゥー教は、アフリカ人の子孫であるハイチの黒人

観光客向けにブードゥー教の儀式のデモンストレーションが行なわれている。

にとって、精神的に大きなよりどころとなっている。18世紀末に起こった独立運動のさいも、ブードゥー教の司祭が運動の中心となって、人々を導いた。

1804年にフランスから独立し、世界ではじめて「黒人の共和国」となる。しかし、ハイチ国内の白人の大地主や上流階級からは、ブードゥー教は野蛮な迷信として忌みきらわれる。

こうしたなか、1957年に大統領となったデュバリエは、国民から人気を得るため、みずからブードゥー教の司祭にもなっている。一方で、デュバリエの独裁を裏から支えた秘密警察は、前述の「トントン・マクート」というあだ名で人々から怖れられた。

☼ 毎日食卓に並ぶ「黒いご飯」

２０１４年現在、ハイチの多数の国民は日々の食事に困っている。２０１３年の国民一人あたりの名目ＧＤＰは８２０ドルで日本の約47分の１。中南米で最貧国であり、ブラジルの国民一人あたりのＧＤＰと比較しても14分の１ほどしかない。

ハイチでは１９８６年にデュバリエ大統領とその息子と2代続いた独裁政権が倒れたあと、内戦が続き、さらに２０１０年には全土で死者20万人を超す大震災（ハイチ地震）に見舞われた。こうした事態が、産業の発展をさまたげている。

産業はコーヒー豆や砂糖の栽培が中心だが、特産品のコーヒーやラム酒はほとんど輸出され、ハイチ国民の口には入らない。

だが、ハイチの人は貧しいなりにも楽しみを見出したり、生活のために工夫したりするのに余念がない。

ほとんどの学校には制服があるが、女の子は自分の学校の制服と同じ色のリボンをつけたり、お母さんに髪を結ってもらってほかの子とちがうヘアスタイルにしたりするなど、おしゃれを心がけている。

こうした光景は、芸術の分野にも影響している。「ナイーブアート」というハイチ独自の絵画が名物になっている。赤や黄色など原色に近い派手な色彩で、自然の風景や働く人たちを描いた、シンプルだが明るい作風は欧米での人気が高い。

忘れてならないのが、ハイチの乗り合いバス「タプタプ」だろう。おんぼろの車体に、極彩色のド派手なアートが描かれており、遠くからバスが来るのが一目でわかるくらいだ。

食生活にも庶民の知恵が生きている。ハイチでは上下水道の普及が立ち遅れているが、肉や魚などの食材を洗うのに酸味の強いオレンジの果汁を使う。くみ置きの水より清潔で、酸味が隠し味になるのだ。

ハイチでも米がよく食べられるが、普通の白いご飯のほかに、キノコの煮汁を使った黒いご飯や、豆を多く使った炊き込みご飯などがあり、食材は乏しくとも、食卓はカラフルだったりする。

〈ハイチの名物〉
ハイチコーヒー

ハイチ産のコーヒーはマイルドな独特の味で、日本での知名度は低いが、ヨーロッパでは人気がある。無農薬栽培が売りだが、一説によると農民があまりに貧しくて農薬を使えないためだという。ハイチでは、もうひとつの特産物のラム酒をコーヒーに少し垂らして飲む習慣がある。

バルバドス

午後には紅茶を楽しむカリブ海の小さな英国

毎年ハリケーンが最初に襲来

カリブ海ではいちばん東にある島がバルバドスで、島の東岸は広大な大西洋に面している。このため毎年、大西洋の沖合で発生するハリケーンが、アメリカ合衆国や、ほかの中南米諸国よりも先にバルバドスを襲うのだ。

もっとも、カリブ海の端に位置するため、ハリケーンの進路のど真ん中からは外れているようで、アメリカ本土ほど大きな被害を受けることは少ない。

国土は珊瑚礁からできていて、全体的に平べったく、高い山でも336メートルしかない。小さな島だが、東岸は荒波でできた断崖絶壁、西岸は穏やかな砂浜、内陸は大森林に平原と風景は起伏に富んでいる。ただし、大きな川はなく、雨が多いので水は豊富だが、雨はすぐに地面に染みこんでしまうという。

バルバドス

DATA

首都	ブリッジタウン
人口	27.5万人（2012、ECLAC）
面積	431㎢（種子島とほぼ同じ）
民族構成	アフリカ系約90%、ヨーロッパ系、混血、インド系、その他
言語	英語
宗教	キリスト教（英国国教会、プロテスタント、カトリック）、その他
政体	立憲君主制（英連邦に属する）
名目GDP	約43億米ドル（世界152位、2013、世界銀行）
独立年	1966年（イギリスより）
国歌	豊かな時も、いざという時も

カリブにあるロンドンそっくりの町

中南米は旧スペイン植民地が多いため、良く言えば陽気、悪く言えばいい加減なラテン系気質の人が多い。そんななか、旧英領だったバルバドス人は、黒人奴隷の子孫が大多数を占めるものの、文化的にはイギリス人にかなり近い。

毎日の習慣といえば「午後はやっぱり紅茶を飲んでゆっくり」という人が多く、スポーツでも、サッカーや野球よりイギリス発祥のクリケットが人気だ。

首都のブリッジタウンは、その名の通り、入り江に何本もの立派な橋が架かっている。街並みは、尖塔のついた時計台のある教会など17〜18世紀につくられたイギリス風の古い建物も多く、まるでロンドンの一角のようだ。そんな風景のバルバドスは「カリブ海のリトル・イングランド」と呼ばれてきた。

もともとバルバドスを最初に訪れたのはスペイン人だったが、スペイン人は島の先住民をことごとく奴隷としたうえで、より大きなエスパニョーラ島に連行したため、皮肉にも一度ガラ空きの無人島になってしまった。その後、イギリス人がアフリカから連れてきた黒人奴隷や囚人を使って、バルバドスをサトウキビ栽培の拠点に育てたのだ。

イギリス文化の影響が強いバルバドスでは、長らくイギリス国王を首長とする英国国教会（聖公会）が生活の中心になっていた。現在では政教分離が進んでいるが、今も信心深い人が多い。人が死んだりすれば「悪魔のしわざにちがいない！」と考え、悪魔払いの呪術を行なう人もいるという。日曜日の午前中はみんなで教会に行き、そのあと家族そろって食事するという昔ながらのライフスタイルが健在だ。

公用語は英語だが、黒人奴隷の先祖のアフリカの言葉などと英語が入り混じったバルバドス独自の方言（バヤン語）を話す人も多い。

明るい珊瑚礁の海岸を持つ風光明媚なバルバドスは、中南米きっての観光立国となっている。古くから厳格なイギリス文化が根づいた国のためか、治安もよく、ホテルなどのサービスもきめ細かだ。ニューヨークからは飛行機で5時間ほどの距離なので、アメリカ東部の住民にはリゾート地として人気が高い。

世界経済フォーラムによる2013年の「観光競争力ランキング」では、世界の140カ国中でバルバドスは27位にランクインしている。これは中南米中、なんと1位！ メキシコの44位、ブラジルの51位にくらべ、ずっと上位だ。

そんなバルバドスは、住人の密集ぶりでも中南米でナンバーワンに。人口密度は1平方キロあたり647人（日本は337人）で、中南米では2位（2013年）のハイチ（375人）など他国を引き離している。おかげで、走っている自動車が多いのだが、片側一車線の狭い道路がほとんどだったりする。

〈バルバドスの名物〉

マウント・ゲイ

バルバドス名産のラム酒。カリブ海のラム酒のなかでも、とくに有名なブランドで、日本にも多く輸出されている。その製法はほかのラム酒とひと味違い、サトウキビから蒸留したラムを、バーボンウイスキーをつくるのに使ったオーク材の樽に入れて寝かせ、熟成させている。

グレナダ

ハリケーンから復興しスポーツ大国を目指す

観光ガイドに載らない、トケイソウの島

カリブ海の小国のなかでも、グレナダは日本ではなじみが薄い。日本にグレナダ大使館はなく、現地の日本大使館はトリニダード・トバゴ大使館が兼ねている。そんな縁遠い国のためか、日本の観光ガイドに名前が載ることも少ない。

国土は首都セントジョージズのあるグレナダ本島と、ほかのいくつかの小さな島からなり、グレナダ本島は東京都の6分の1ほどの大きさだ。総人口10万人あまりのうち、約3分の1が首都セントジョージズに密集して住んでいる。

グレナダという国名はスペイン語で果物のざくろを意味する。スペインの南部にはグラナダ市があるが、由来は同じだ。グレナダでは、スペイン人がはじめて訪れたとき、ざくろに似たトケイソウの木が多く生えていたのでこの名がつけられた。

DATA

グレナダ

首都	セントジョージズ
人口	10.5万人（2013、ECLAC）
面積	345㎢（五島列島の福江島とほぼ同じ）
民族構成	アフリカ系、インド系、ヨーロッパ系
言語	英語（公用語）、フランス語系パトワ語
宗教	キリスト教（カトリック、プロテスタント、英国国教会等）など
政体	立憲君主制（英連邦に属する）
名目GDP	約8億米ドル（世界176位、2013、世界銀行）
独立年	1974年（イギリスより）
国歌	グレナダ万歳

人口の5分の1が入るスタジアム

グレナダは「香料の島」と呼ばれる。ナツメグ、シナモン、バニラ、ジンジャー、クローブなど香料の栽培がさかんで、とくに、肉料理やお菓子によく使われるナツメグは国旗にも描かれている。実際、ナツメグの生産量は、21世紀のはじめまで、人口2000倍のインドネシアに次いで世界2位だったという。

ところが、運悪く2004年に大規模なハリケーンの被害を受け、以降の生産量は最盛期の5分の1以下に落ち込んでしまっている。

04年のハリケーンのあと政府は復興に力を注ぎ、そこで07年に誕生した目玉が、首都セントジョージズ近郊の国立スタジアムだ。なんと総人口の5分の1にあたる約2万人を収容できる。グレナダはほかの旧英領の国と同じくスポーツではクリケットがさかんなので、カリブ海諸国によるクリケット大会を想定した施設だ。ただし、場所は海岸のすぐ隣なので、またハリケーンが来たら大変そうだ。

このスタジアムに限らず、グレナダ人のスポーツへの情熱は半端ではない。12年にはロンドン五輪で、陸上400メートルのキラニ・ジェームズ選手がはじめて金メダルを獲得した。試合当日、グレナダ各地では公園やスタジアムの大型テレビで多くの国民が中継に熱狂し、メダル獲得を祝して急遽、仕事や学校が半休になったという。地方の離島から世界的なヒーローが生まれたのだから無理もない。

現代のスポーツは、競技人口が多く、選手育成の予算も豊富な国が圧倒的に有利だ。ロンドン五輪でアメリカは104個のメダルを取った。グレナダのメダリストはたったひとりだが、人口はアメリカの3000分の1、名目GDP（2013年）はわずか2万分の1程度であることを考えれば、ずば抜けて大健闘したといえる。

タックス・ヘイブン導入で裕福に

グレナダは、バハマやセントルシアなどカリブ海のいくつかの国と同じく、低税率のタックス・ヘイブン政策をとって外国企業を誘致している。このため中南米諸国では比較的に裕福で治安も良く、欧米では観光地としても人気だ。その平和さを物語るのが、警察部隊がいるのみで軍隊がないという点だろう。なお、カリブ海諸国の中では、セントルシア、セントクリストファー・ネーヴィス、セントビンセントおよびグレナディーン諸島も、固有の軍隊をもっていない。

とはいえ、グレナダが現在のように平和な観光地になるまでは紆余曲折を経験している。グレナダは1974年の独立後、同年のクーデターでキューバなどの後押しを受けた社会主義政権が成立し、アメリカとの関係が悪化した。このため、83年にアメリカとカリブ海諸国の連合軍が侵攻し、大規模な戦闘が起こっている。グレナダが軍隊のない国になったのは、この米軍のグレナダ侵攻のあとなのだ。

〈グレナダの名物〉

シーモスドリンク

シーモス（Sea Moss）とは直訳すれば「海のコケ」で、同名の白っぽい海草から抽出された成分に、ミルクなどを加えた飲料。一説によれば、精力増進効果があるといわれる。グレナダだけでなく、アンティグア・バーブーダなどカリブ海のいくつかの国でも買える。

セントルシア

火山リゾートが自慢の素朴な人々が住む島

双子の名山をもつ「カリブ海の桜島」

セントルシアは火山島の国だ。鹿児島県の桜島ほどさかんに噴火をくり返しているわけではないが、国土のあちこちでは噴煙が立ちこめている。

自然の豊かなセントルシアでは、南東部にある双子の火山・ピトン山がとくに目を引く。18世紀に海底火山の噴火で生まれたこの山は、標高743メートルのプチ・ピトン山と、標高798メートルのグロ・ピトン山からなり、とんがり帽子をふたつ並べたように、きれいな三角形のシルエットをしている。

ピトン山はその美しさとめずらしさから2004年には世界遺産にも登録された。セントルシア人のこの山への愛着は深く、国旗の図案にもなっている。日本でいえば、富士山がそのまま国旗になったようなイメージだろう。

DATA

セントルシア

首都	カストリーズ
人口	17.8万人（2012、ECLAC）
面積	616㎢（淡路島とほぼ同じ）
民族構成	アフリカ系82.5%、混血11.9%、東インド系2.4%、その他
言語	英語（公用語）、フランス語系パトワ語
宗教	キリスト教（カトリック、プロテスタント、英国国教会等）等
政体	立憲君主制（英連邦に属する）
名目GDP	約13億米ドル（世界170位、2013、世界銀行）
独立年	1979年（イギリスより）
国歌	セントルシアの息子と娘

欧米のセレブがこっそり訪れる温泉郷

セントルシアを訪れる日本人は、青年海外協力隊などを除けばきわめて少ないが、この国は欧米のセレブのあいだでは隠れた人気リゾート地になっている。

セントルシア南部の町スーフリエの近郊には、ラデラ・リゾートと呼ばれる施設があり、マイクロソフト元会長のビル・ゲイツ、俳優のブラッド・ピットなど、世界的なＶＩＰがひそかに愛用している。場所は木々が生い茂るけわしい山中だが、明るい陽ざしを浴びてプールにつかりながら、海岸に並んでそびえ立つピトン山の絶景を眺められる。まさに「隠れ家的スポット」という雰囲気だ。

また、火山島だけに温泉が多い。セントルシアのあちこちでは、まるで日本の箱根や別府のように、白い湯気が立ちこめる露天風呂に、水着を着た白人のおじいさんやおばあさんの観光客が集まって「いい湯だなあ♪」などとくつろいでいる姿が見られる。なかには、自然の火山帯そのままの風景に近く、火傷しそうな熱湯が出ていたり、黒い色をした泥のような湯につかれるワイルドな浴場もある。

そんな自然に恵まれたセントルシアだが、観光以外の産業はあまりなく、バナナやココナツなど果物の栽培が中心だ。庶民が毎日よく食べる物といえば地元産のフルーツと魚が多い。肉類や日用品の多くは輸入頼りなので高くつく。

地元の音楽フェスは世界的に人気

セントルシアも大部分は黒人奴隷の子孫が占めている。旧英領なので現在の住人の大部分は英語を話すが、18世紀までフランス領だった時期があり、イギリスとフランスのあいだで、この地をめぐって14回も戦争が起こった。このため、今も一部ではパトワ語というフランスなまりの言葉が使われる。

住民には昔ながらの素朴な気質が残っているようで、見ず知らずの相手でもバスが満員なら席を譲ってくれたり、観光客相手の商売でも、みやげものを高く売りつけようと吹っかけることは少ないようだ。

一方、お祭り好きな気質もあり、地方では結婚などの祝いの席ばかりでなく、死人が出たときも葬儀のあとは数日にわたり酒宴を開く習慣があるという。

もうひとつ、セントルシア人が好きなものが音楽だ。セントルシアでは1991年から毎年、5月には数日間にわたってジャズフェスティバルが開催され、内外から5万人以上の観客を集める。名前こそ「ジャズ」フェスティバルだが、実際はレゲエ、ラップ、R&Bなどさまざまなジャンルのブラックミュージックの祭典となっている。

海外の有名ミュージシャンも参加するこのイベントは、地元の無名の若者が観客の前でステージに立つ晴れの舞台にもなっている。


〈セントルシアの名物〉

ピトンビール

セントルシア国産ブランドの地ビール。その名の通り、ラベルにはピトン山の絵が描かれている。口あたりはすっきりしており、観光地のレストランなどでよく提供されている。もちろん、ほかのカリブ海諸国同様、ラム酒もよく飲まれている。

ドミニカ国

昔ながらの風景が残るカリブ海きっての秘境

聖人の名を冠した山だらけの小島

カリブ海に浮かぶドミニカ国は、エスパニョーラ島のドミニカ共和国と間違えられやすいが、場所は1000キロほどはなれており、バルバドスなどと同じくカリブ海南東の小アンティル諸島の小島だ。ドミニカ共和国はスペイン語が公用語だが、ドミニカ国は旧英領で英語が公用語のため、まったく別の国といえる。

国土は平地がきわめて少なく、内陸はジャングルが広がっている。ほとんど山ばかりのため、道路はカーブや急勾配が少なくない。

ドミニカという国名は、1493年にコロンブスがこの地を訪れたのが11月3日の日曜日で、カトリックの安息日である「聖ドミンゴの日」だったことに由来する。聖ドミニコは12世紀のスペインでドミニコ修道会をつくった人物だ。

DATA

ドミニカ国

首都	ロゾー
人口	6.8万人（2012、ECLAC）
面積	790㎢（奄美大島とほぼ同じ）
民族構成	アフリカ系、ヨーロッパ系、シリア系、カリブ族
言語	英語（公用語）、フランス語系パトワ語
宗教	キリスト教（カトリック、プロテスタント等）等
政体	立憲共和制（英連邦に属する）
名目GDP	約5億ドル（世界181位、2013、世界銀行）
独立年	1978年（イギリスより）
国歌	美の島　輝きの島

手つかずの自然と先住民の文化

カリブ海の小さな島国のなかでも、ドミニカ国はとりわけ、手つかずの自然が多く残っている。美しい花を咲かせるブーゲンビリアや湿地に密集するマングローブなど多くの植物が見られるため、「カリブ海の植物園」と呼ばれるほどだ。

首都ロゾーの近郊は「ハミングバードの聖域」と通称され、花に集まる色あざやかなハチドリが大量に生息している。

ちなみに、ドミニカ国の国旗にも小鳥が描いてあるが、これはハミングバードではなく国鳥のミカドボウシインコだ。

カリブ海のほかの国ではほとんど絶滅してしまった数少ない先住民のカリブ族

も生き残っている。

かつて、スペイン人はカリブ族を人食い人種と呼んで怖れ、カニバリズム（人肉食）という言葉の由来にまでなった。もっとも、現代のカリブ族の多くは農耕や漁業で生計を立てるなど、おだやかに暮らし、海外に留学に行く人も少なくない。

ドミニカ国北東部のカリブ族自治区には、今も半裸に近いワイルドな姿で手づくりのアクセサリーを身につけ、森の木々を切り倒して作ったシンプルな家屋に住む人もいる。とはいえ、近年はかなり外部の住人との混血も進んでいるようだ。

カリブ族の居住地で名物になっているのが、タピオカの原料となるイモの一種のキャッサバの粉にココナツや砂糖を混ぜ、鉄板の上で焼いた「キャッサバブレッド」だ。パンというより、イモからつくった餅を焼いたようなものだ。沿岸部のカリブ族は魚もよく食べ、マグロをトマトや牛乳で煮た料理もある。

のんびり気質の謙虚なお国柄

カリブ族以外のドミニカ国民の多数は黒人奴隷の末裔だ。19世紀のはじめまでフランスの植民地だったためかカトリック信徒が多い。同じ旧英領でも、ロンドンを模したような街並みがつくられたバハマやバルバドスほどイギリス文化が強く定着していない。単刀直入にいえば、それだけ発展が遅れているのだ。

産業は観光に大きく依存しているため、大型クルーズ船で観光客が来ると一気に町がにぎわう。外国人にはフレンドリーで、遠慮なく気さくに話しかけてくるそうだ。

そんなのどかで平和そうなドミニカ国だが、いっさい戦乱と無縁だったわけでもない。グレナダなどと同じく2014年現在のドミニカ国は軍隊をもたないが、1978年の独立時には軍隊があったのだ。81年には一部の軍人が傭兵部隊とともにクーデターをはかったが、警官1名を殺害しただけで失敗に終わった。

その後、ひとりとはいえ、軍の政治介入で自国民に被害を出したことを深く反省し、軍隊を廃止してしまったのだ。じつに謙虚な国ともいえるだろう。

〈ドミニカ国の名物〉

ココナツ石鹸

工業力の低いドミニカ国で、数少ない製造業での輸出品になっているのが、植物性の石鹸だ。ココナツ油を原料とするものがメインだが、ほかにもオリーブオイルやココアバターを使ったものなどもある。いずれも香りが良く、自然素材だけに美容効果があるとされている。

トリニダード・トバゴ

カリブ海の石油成金国。
好物は音楽とカレー

「山だらけの島」なのか「タバコの島」なのか

カリブ海では一番南の端に位置するのが、トリニダード・トバゴだ。国土は、南の大きなトリニダード島と、北の小さなトバゴ島の2島からなる。トリニダード島は対岸のベネズエラとはたったの15キロしかはなれておらず、ベネズエラと接するふたつの海峡はそれぞれ、「竜の口」「蛇の口」と通称されている。

国名の「トリニダード」は、キリスト教での神とキリストと神霊の「三位一体」（トリニティ）に由来する。「トバゴ」は、先住民の言葉で「丘陵地」を意味するといわれ、実際にトバゴ島は山だらけの地形だ。また、そのまますばり、先住民が愛用していた「タバコ」に由来するという説もある。首都の名は「ポート・オブ・スペイン」だが、なぜかイギリスの元植民地だったりする。

トリニダード・トバゴ共和国

DATA

首都	ポート・オブ・スペイン
人口	135.1万人（2012、ECLAC）
面積	5128㎢（千葉県とほぼ同じ）
民族構成	インド系40%、アフリカ系37.5%、混血20.5%、その他2%
言語	英語（公用語）、ヒンディー語、フランス語、スペイン語
宗教	キリスト教（カトリック、英国国教会等）、ヒンドゥー教、イスラム教等
政体	立憲共和制（英連邦に属する）
名目GDP	約277億米ドル（世界100位、2013、世界銀行）
独立年	1962年（イギリスより）
国歌	自由な愛からの創造

産油国ならではの打楽器

トリニダード・トバゴの名物はなんといっても、「ホロロ〜ン♪」という幻想的な音色を奏でるスティールパンのオーケストラバンドだろう。

スティールパンは、もともとドラム缶を輪切りにしてつくられた金属製の打楽器だ。そう聞くと甲高い音がしそうだが、ドラムのサイズや叩く部分のへこませ具合、どれくらいの強さで叩くかによって、高音から低音まで幅広い音色を出せる。このユニークな楽器は、いかにして生まれたのだろうか？

この国はイギリス植民地だったことから、ハイチやジャマイカと同じく黒人奴隷の子孫が多い。彼らは、いろいろな打楽器で先祖の故郷であるアフリカの音楽を演奏していたが、風紀にうるさいイギリス人は「あいつらの音楽はけしからん！」と、1930年代に打楽器での演奏を禁止してしまった。だが、音楽好きな若者たちは懲りなかった。さまざまな手づくり楽器を試行錯誤し、国内にいくらでも転がっているドラム缶に目をつける。

もともとトリニダード・トバゴは、お隣のベネズエラと並んで中南米屈指の石油産出国。石油会社がもち込んだドラム缶が余っていた。かくして、1939年にドラム缶を輪切りにしたスティールパンが誕生したのだ。世界3大カーニバルのひとつ、トリニダード・トバゴのカーニバルは、見物客の飛び入り参加も大歓迎なことで知られ、なかでも、100人を超す大人数のスティールパン・バンドが見ものだ。

もうひとつの名物に、身を反らせて棒の下をくぐるリンボーダンスがある。リンボーとは「体を曲げる」という意味があり、曲芸のようにほとんど地面すれすれの棒をくぐる器用なダンサーも少なくない。もとは黒人奴隷に対して行なわれた拷問の一種だったという説もある。現在のトリニダード・トバゴでは、お祭りの場などでおなじみの余興となっている。

トリニダード・トバゴを含め、カリブ海の島々は「西インド諸島」と呼ばれる。

これは、コロンブスが最初にこの地域をインドだと思い込んだことに由来する。

ところが、トリニダード・トバゴは本物のインド人が人口の40%を占め、白人や黒人よりも多い。植民地時代に多数のインド人が移ってきたためだ。黒人や白人の多くはキリスト教徒だが、インド系の住民には、ヒンドゥー教の伝統を守る人も多い。

このため、カリブの島なのにトリニダード・トバゴではインド料理が普及している。スパイスを利かせたカレーはその代表だ。

具材として豆やバナナなどの果物を入れるなど、インドとはひと味違う、独自の料理もある。小麦粉の皮にカレー風味の具材を包んだ「ロティ」という軽食が人気で、あちこちの屋台で買える。もはや本家のインドからはなれたトリニダード・トバゴ独自の国民食になっているようだ。

〈トリニダード・トバゴの代表的人物〉

ドワイト・ヨーク (1971年－)

元プロサッカー選手。2006年のワールドカップ出場時にはチームの要として活躍し、国民的なヒーローとして親しまれている。一時期はイギリスのマンチェスター・ユナイテッドでも活躍した。トバゴ島には、彼の名を冠した「ドワイト・ヨーク・スタジアム」がある。

バハマ

世界の大企業が集まる
カリブ海の金満大国

アメリカとは目と鼻の先にあるリゾート地

カリブ海でいちばんアメリカに近い国がバハマだ。国土のうち西部のビミニ諸島は、フロリダ州のマイアミ市からたったの97キロしかはなれていない。

日本は多くの島からできた国だが、バハマも約700もの島と2000以上もの珊瑚礁からできている。すべての島と岩礁の面積を合わせれば日本の福島県と同じぐらいの広さだが、その98％は小さな無人の島だ。人口のじつに約3分の2が首都ナッソーのあるニュー・プロビデンス島に住んでいる。

亜熱帯性気候のため、真冬の1月でも気温は18度ぐらいという温暖な土地で、年間を通して湿度は高いが、常に強い海風が吹いているためわりと過ごしやすい。リゾート地としては人気が高く、年間300万人もの観光客が訪れている。

バハマ国

DATA

首都	ナッソー
人口	35.1 万人（2012、ECLAC）
面積	1 万 3878㎢（700 余りの小島からなる。福島県とほぼ同じ）
民族構成	アフリカ系 85%、欧州系白人 12%、アジア系およびヒスパニック系３%
言語	英語
宗教	キリスト教（プロテスタント、英国国教会、カトリック等）等
政体	立憲君主制（英連邦に属する）
名目GDP	約 84 億米ドル（世界 139 位、2013、世界銀行）
独立年	1973 年（イギリスより）
国歌	進め、バハマよ

カリブ海に中東の大企業

「中南米でもっともお金持ちが集まった国はどこだろうか？」。国力の高いブラジル？　アルゼンチン？　――答えは、バハマだ。バハマの２０１３年の国民一人あたりの名目ＧＤＰは２万３４８９ドルで、ブラジルとアルゼンチンの約２倍もあるのだ。

とはいっても、昔からバハマに住む人々が金持ちぞろいなのではない。バハマ自体の産業は、観光以外は農業も工業もあまりパッとしない。

ただし、バハマは法人税率が０％で、企業がいくらお金を儲けても税金を納めなくてよいタックス・ヘイブン（租税回避地）なのだ。カリブ海にはほかにもタックス・ヘイブンとなっている国が少なくないが、バハマはその代表で、世界の多くの大企業がバハマに本社を置いて、現地にお金を落としてくれている。カリブ海とはまるで遠くはなれた中東の大企業にも、バハマに本社を置く会社がある。

大多数のバハマ人は、同じカリブ海のジャマイカやハイチなどと同じく黒人奴隷の末裔で、ホテルやカジノ、土産物屋などの観光産業で生計を立てている。

観光客とバハマに本社を置く大企業関係者が訪れて経済が潤っているおかげで、中南米諸国の中では割と治安も良い。ただし、国内では農場や漁港はあまり発達しなかったため、食料品はほとんど輸入に頼っているという。

多数の島々からなるバハマ諸島には、コロンブスが最初に上陸したといわれるサン・サルバドル島もある。中南米で最初期に白人の訪れたバハマは、スペイン人に開拓されたのち、18世紀末にイギリス領となった。

アメリカが独立すると、もともと独立に反対していたイギリス国王を支持する人々が黒人奴隷を連れてバハマに流れ込んで開拓を進めた。つまり、日本でいえば「平家の落ち武者がつくった里」みたいなものだ。

そのためもあって、バハマには古風なイギリス文化が長く残っている。市街地では18世紀当時のイギリス風の民家や教会がいくつもある。植民地にもかかわらず、イギリスとの蜜月関係にあったバハマが独立したのは、1973年のことで、それほど昔のことではない。

ちなみに、バハマの世界的な名産品といえば「バハマ葉巻」と呼ばれる葉巻タバコがある。バハマ葉巻は名前こそバハマでも、中身は実質的にキューバ産だ。

もともとタバコの葉の原産地は南米のアンデス山脈で、中南米の各地ではタバコの葉が栽培されているが、とくにキューバ産は人気が高い。

とはいえ、キューバは反米政策をとっており、キューバ産のタバコは外国人が入手しづらい。そこで、キューバ人の熟練したタバコ職人がキューバ産のタバコの葉をバハマに持ち込み、手作業で葉巻をつくって売っているのだ。

〈バハマの代表的人物〉

シドニー・ポワチエ (1927年－)

バハマ人を両親にもつハリウッド俳優。アメリカで出生したが、15歳までバハマで育った。1963年の映画『野のユリ』で、黒人ではじめてアカデミー主演男優賞を受賞。『夜の大捜査線』『招かれざる客』など多数の作品に出演。97年には、バハマ駐日特命全権大使にも就任した。

セントクリストファー・ネーヴィス

のどかな田舎のようだがふたつの島が対立する国

国土は2島だけでも、国民はけっこう裕福

1983年にイギリスから独立したセントクリストファー・ネーヴィスは、2014年現在、中南米ではいちばん若い国だ。

日本の国名は「にほん」と「にっぽん」のどちらでも通じるが、セントクリストファー・ネーヴィスは、略称でセントキッツ・ネーヴィスとも呼ばれる。憲法や公文書では正式名とこの略称のふたつがしっかり両方とも記され、国連など海外の機関でもセントキッツ・ネーヴィスと呼ばれることがわりと多い。

国土は細長いクリストファー島と、丸くて小さいネーヴィス島のふたつの火山島からなり、地図上ではなんだか「！」の記号のようにも見える。

総人口はふたつの島を合わせてたったの5万人あまり、日本なら地方のひとつの

DATA

セントクリストファー・ネーヴィス

首都	バセテール
人口	5.4 万人（2012、ECLAC）
面積	262㎢（西表島とほぼ同じ）
民族構成	アフリカ系、イギリス系、ポルトガル系、レバノン系等
言語	英語
宗教	キリスト教（英国国教会、プロテスタント、カトリック等）等
政体	立憲君主制（英連邦に属する）
名目GDP	約 8 億米ドル（世界 177 位、2013、世界銀行）
独立年	1983 年（イギリスより）
国歌	おお、美しき地

市《し》のような規模だ。そして、国会議員の議席数はわずか14。戦乱とも縁遠いため軍隊を保持していない。

現地住民による産業は、観光以外は昔ながらのサトウキビと海島綿《かいとうめん》の農場ぐらいだ。ただし、タックス・ヘイブン政策をとって外国企業を誘致している国のひとつなので、じつは国民一人あたりの名目GDP（2013年）はメキシコやブラジルより高く、中南米で10位内に入っている。おかげでカリブ海の中では比較的に治安も良い。

のどかといえばのどかな土地で、市街地の道路は狭く、歩道と車道がきちんと分かれていないばかりか、信号機がほとんど設置されていないという。

小国が、超小国に!?

こんな小さな国ながら、セントクリストファー島とネーヴィス島は対立関係にある。民族構成はどちらも黒人奴隷の子孫がほとんどだが、政治や経済の主導権はセントクリストファー島に集中しているため、ネーヴィス島の住人が「オレたちを子分あつかいするな!」と不満を抱いているのだ。

このため、1998年にはネーヴィス島の独立を問う住民投票が行なわれた。可決には住民の3分の2(66・66%)の票が必要だったが、「独立に賛成」は61・83%で、ぎりぎり可決には届かなかった。

もしネーヴィス島が独立を果たしていたら、世界最小クラスの超ミニ国家になっていただろうといわれる。一応、現在ではネーヴィス島にも独自の議会があるのだが、たった8議席しかない。

〈セントクリストファー・ネーヴィスの代表的人物〉

キム・コリンズ (1976年－)

首都バセテール出身の陸上選手。2003年にパリで開かれた世界選手権大会では、100メートル走で優勝を果たし、04年のアテネオリンピックでは6位に入賞した。選手としての活動期間は長く、世界最年長で100メートルを10秒台で走れるランナーとなっている。

セントビンセント及びグレナディーン諸島

「リトル・トーキョー」が存在する国

大ヒット海賊映画の撮影地

セントビンセント及びグレナディーン諸島は、火山島のセントビンセント島と、珊瑚礁のグレナディーン諸島からなっている。

カリブ海の観光ビーチといえば、どこでもキラキラと輝く白い砂浜が定番だが、セントビンセント及びグレナディーン諸島では、過去の火山噴火で多くの溶岩と火山灰が流出したためか、めずらしく黒砂のビーチがある。

ほとんどの日本人には無名の国だが、じつは、世界的に大ヒットした映画『パイレーツ・オブ・カリビアン』は、この島一帯で撮影された。セントビンセントおよびグレナディーン諸島の国民一人あたりの名目GDP（2013年）はペルーをやや下回る程度だが、このときは大量の撮影スタッフがじっくりと島に腰を据えてお金

セントビンセント及びグレナディーン諸島

DATA

首都	キングスタウン
人口	10.9万人（2012、ECLAC）
面積	389㎢（五島列島の福江島とほぼ同じ）
民族構成	アフリカ系、東インド系、混血、カリブ族
言語	英語（公用語）、フランス語系パトワ語
宗教	キリスト教（英国国教会、プロテスタント、カトリック等）等
政体	立憲君主制（英連邦に属する）
名目GDP	約7億米ドル（世界178位、2013、世界銀行）
独立年	1979年（イギリスより）
国歌	セントビンセント、麗しの地

を落としてくれたため、島民のフトコロも大いに暖まったという。

カリブに「東京」が!?

　本来の主産業は観光のほかバナナの栽培などだが、グレナディーン諸島で最北にあるベキア島では、古くからザトウクジラの捕鯨が許可されている。つまり、日本でも今ではなかなかお目にかかれない鯨肉が食べられているのだ。

　鯨ばかりでなく、アジやカツオ、貝類、ロブスターなどの漁もさかんだ。首都キングスタウンには、1980年代に日本が資金援助してつくられた魚市場があり、ここは「リトル・トーキョー」という通称で庶民に愛されている。

もうひとつ、特徴的な食材になっているのがパンの木の実だ。パンの木は太平洋のポリネシア原産で、じつは焼くとサツマイモのような風味がある。つまり、パンというよりイモに近いのだが、南洋ではお手軽な食材として重宝されている。

カリブ海でもパンの木の実はよく食べられているが、18世紀末にカリブ海ではじめてパンの木が植えられたのはセントビンセント及びグレナディーン諸島で、今もそのときの苗だと伝えられる木が残っているのだ。

ちなみに、カリブ海にパンの木を持ち込んだイギリスのブライ船長は、部下にきびしく当たりすぎたために、一度自分の船から追い出されてしまった。この事件は「バウンティ号の反乱」と呼ばれており、イギリスでは非常に有名。映画や文学作品にもなっている。

〈セントビンセント及びグレナディーン諸島の代表的人物〉

ケヴィン・リトル (1976年-)

セントビンセント及びグレナディーン諸島の首都キングスタウン出身の歌手。カリブミュージックのソカ（ソウルとカリプソの融合したジャンル）を代表するミュージシャンで、2003年リリースのファーストシングル『ターン・ミー・オン』は、アメリカやイギリスでも大ヒットした。

アンティグア・バーブーダ

リハビリに最適な小さな癒しの島国

☼島内にある世界のセレブの更正施設

アンティグア・バーブーダは、アンティル諸島の北部に位置し、アンティグア島、バーブーダ島、無人の岩礁のレドンダ島の3つからなる。

いかにも何もない片田舎の小島のようだが、沿岸の白い砂浜や断崖の風景は美しく、観光地らしい豪華なリゾート施設も少なくない。

そんなこの国の隠れた産業のひとつが、インターネット上からギャンブルを楽しめるオンライン・カジノで、1994年に世界ではじめてオンライン・カジノを合法化している。アメリカではオンライン・カジノは規制されているため、多くの業者がアンティグア・バーブーダに集まっている。

また、首都セントジョンズの近郊には、薬物依存症やアルコール依存症のリハビ

DATA

アンティグア・バーブーダ

首都	セントジョンズ
人口	9.1 万人（2012、ECLAC）
面積	442㎢（種子島とほぼ同じ）
民族構成	アフリカ系約 90%、混血、ヨーロッパ・アメリカ系、その他
言語	英語
宗教	キリスト教（英国国教会、プロテスタント、カトリックほか）、その他
政体	立憲君主制（英連邦に属する）
名目GDP	約 12 億米ドル（世界 171 位、2013、世界銀行）
独立年	1981 年（イギリスより）
国歌	麗しきアンティグア、われら汝を称えん

リ施設のクロスロードセンターがある。ここはおもにアメリカから来る患者を受け入れており、歌手のブリトニー・スピアーズも入所したことがある。

この施設は、世界的なギタリストとして名高いイギリスのエリック・クラプトンが中心となって、１９９８年に創設された。

自分自身も薬物依存やアルコール依存の経験のあるクラプトンは、以前からカリブ海の島々、とくにアンティグア島をよく訪れている。

そこで「この島の静かで美しい自然の風景こそ、薬物依存やアルコール依存の患者の荒れた心を癒すのにうってつけだ！」と考えついたようだ。

貴族の私有地だった小島

カリブ海の小国のなかでも、アンティグア・バーブーダは少し変わった歴史をもっている。アンティグア島のほうは最初にスペイン人が訪れたあと、17世紀に英領となったが、バーブーダ島は1860年に正式にイギリス植民地になるまで、200年以上も下級貴族の私有地だったのだ。

さらに、19世紀には一度レドンダ島を訪れたアイルランド人が「ここは我が領土のレドンダ王国だ」と、勝手に独立を宣言してしまった。もちろん、当時のイギリス政府も現在のアンティグア・バーブーダ政府も認めていないが、この自称「レドンダ王国」の王位は、なんと現在も引き継がれているという。それだけ、かつては大国の権力もおよばないような無用の島と見なされていたのだろう。

〈アンティグア・バーブーダの代表的人物〉

スピーディ・クラクストン（1978年－）

アンティグア・バーブーダ出身の両親をもつバスケットボール選手。アメリカのニューヨーク州で育つ。2000年にNBA入りし、ゴールデンステートウォリアーズ、アトランタホークスなどで活躍。バスケットボール選手にしては180センチと小柄だが、素早さと頭脳プレーで知られる。

＼つながっている!／

日本に入ってくるカリブ海産の品物

キューバの葉巻やジャマイカのラム酒——カリブ海の各国からの輸入品で思い浮かべるものは、これらの特産品だろう。あまり知られてないが、それ以外にも、衣料品や履物なども輸入している。

前者の輸入先はハイチ、後者はドミニカなどだ。なんと、珊瑚礁でできている小さな島国バルバドスからは、光学精密機器を輸入している。ブラジルなどの南米の国ではなく、カリブでも高度な技術力を有しているのは驚きの事実だ。同国では精密機器の部品組み立てが、国の主産業のひとつとなっている。

■カリブ海諸国からのおもな輸入品

キューバ	魚介類、タバコ、医薬品、コーヒー
ジャマイカ	コーヒー、ラム酒、有機化合物
ドミニカ共和国	精密機器類（化学光学機器）、電気機器、履物
ハイチ	衣類、コーヒー豆、蒸留酒
バルバドス	光学精密機器、蒸留酒
グレナダ	なし（※2012時点）
セントルシア	なし（※2012時点）
ドミニカ国	合鉄金、履物
トリニダード・トバゴ	LNG、カカオ豆等
バハマ	魚介類

まだまだある！

中南米の「○○領」

ここでは、おもにカリブ海に浮かぶ欧米領の個性的な島々を紹介します。

プエルトリコ

●スペイン語が使われる!? アメリカの準州

アメリカの準州となっている**プエルトリコ**（島）は、ドミニカ共和国のすぐ東に位置する。その名は「豊かな港」を意味し、長らくスペイン領だったが、１８９８年に起こった米西戦争の結果、アメリカの支配地となった。

住民はスペイン語を話す白人が多数で、法的にアメリカの市民権が認められているものの、大統領選挙の投票資格はない。

食の面では、アメリカ本土ではあまり豚肉を食べないが、プエルトリコでは豚の皮のフライなど、豚肉の料理をやたらと食べる。

ヴァージン諸島

ケイマン諸島

プエルトリコの東には**ヴァージン諸島**がある。半分は米領だが、もう半分は英領というややこしい地域だ。大部分は無人島で、米領の地域はかつてデンマークの領土だったのだが、第一次世界大戦中、用心深いアメリカ政府は、ドイツ軍が大西洋を越えて攻めて来た場合に備えてわざわざ買い取ったのだ。

●「地獄みやげ」が買える英領の島

カリブ海にはイギリス領の島も多い。通貨はドルが使われながら、紙幣にはエリザベス二世女王の肖像が描かれている。英領の島々のなかでも観光地として人気が高いのが、キューバのすぐ南の海に浮かぶ**ケイマン諸島**だ。

美しい珊瑚礁の島々で、ダイバーに人気だが、南西部のグランド・ケイマン島には、「ヘル（Ｈｅｌｌ）」というおどろおどろしい名の町がある。黒いゴツゴツした石灰岩層が露出した地域があり、本当に地獄のような風景なのだ。

この町から葉書を出すと、「Ｈｅｌｌ」の消印が押され「地

アンギラ

バミューダ諸島

獄からの手紙」になる。「地獄ソース」「地獄Tシャツ」「地獄ナンバープレート」などのお土産があり、なんだか大分県にある「別府温泉地獄めぐり」のようだ。

南東部のケイマン・ブラック島は、スティーヴンソンの冒険小説『宝島』の舞台になったとされる土地で、かつては海賊が宝を隠したという伝説がささやかれた場所だ。

カリブ海の島々でも、**バミューダ諸島**はポツンとはなれた位置にあり、アメリカのフロリダ州から約1500キロも東にある、東京から小笠原諸島までの距離よりも遠い。

バミューダ近海といえば、昔から遭難船が多く、「魔の海域」「バミューダトライアングル」と呼ばれる場所だ。ここは潮の流れが弱いうえに、ホンダワラという浮き草のような海草が船に絡みつくため、昔の帆船などは通過するのが大変な海域だった。だが、海水が濁りにくいため、なんと最大で水深60メートル以上まで見えるという。

ヴァージン諸島の東にある**アンギラ**（島）は、ちょっと変わっ

キュラソー

アルバ

た歴史をもつ。

ここはもともと、セントクリストファー・ネーヴィスの一部で、1967年には一度独立を宣言したのだが、なぜかそのあとに自発的にイギリス領に戻ってしまった。実際、海とビーチ以外に何もないといわれる土地で、せっかく独立しても経済的にやっていくのがむずかしかったのだろう。

●オランダが有する「野球の島」

カリブ海にはオランダ領の島々もある。オランダ本国はユーロを導入しているのに、昔のギルダー通貨が使われている。なかでも、ベネズエラのすぐ北の海に浮かぶオランダ領アンティル諸島の**キュラソー**（島）は、カクテルのブルーキュラソーの原料となるキュラソーオレンジが名物だ。

ここは隣接するベネズエラと同じく野球がさかんで、野球の国際試合でのオランダ代表選手はキュラソー島や隣の**アルバ**（島）の出身者も少なくない。日本の東京ヤクルトスワローズ

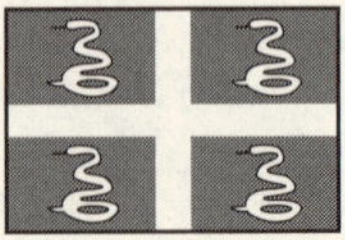
マルティニーク

サン・マルタン

シント・マールテン

で活躍するバレンティン選手も、このキュラソーの出身だ。

一方、英領アンギラ島のすぐ南にある**シント（セント）・マールテン**（島）は、南岸にあるマホ・ビーチが珍名所として名高い。

ここの空港の滑走路のすぐ側に海水浴客の集まる砂浜があり、水着の観光客がいる地上すれすれを飛行機が飛んでいる。ビーチを撮った写真を見ると、「えっ、これって合成じゃないの？」と思ってしまうほど衝撃的だ。

●フランス皇后を生んだ「熱帯のパリ」

オランダ領シント・マールテンの北部はフランス領で、**サン・マルタン**と呼ばれるが、国境はあってないも同様だ。

カリブ海にあるフランス領の島のなかでは、ドミニカ国とセントルシアの中間に挟まれた**マルティニーク**（島）が有名だ。

ここは「熱帯のパリ」と通称される人気の観光地で、フランスから来る人が非常に多い。カリブ海なのに通貨はユーロで、経済的にもフランス本国の支援が大きいためか、商売人もガッ

ギアナ

グアドループ

サン・バルテルミー島

ガツしてなくて、どこかのんびりしているという。

フランス皇帝ナポレオンの最初の妻となったジョゼフィーヌ皇后は、じつはマルティニーク島の出身で、彼女が16歳まで過ごした生家が記念館になっている。

マルティニークをはじめ、**サン・バルテルミー島**、**グアドループ島**など、カリブ海で仏領の島々の名物のひとつが、ティ・ポンシュと呼ばれるカクテルだ。これはラム酒にシロップを注ぎ、切ったライムを入れて飲む。青々としたライムが見るからに爽やかそうだが、アルコール度はかなり高い。

最後に、南米大陸の北東部には、フランスの海外県**ギアナ**があり、日本の北海道ほどの土地に22万人ほどが住んでいる。ここはかつて流刑地で、積極的に優秀な人間を送り込んで開拓したわけではなかったためか、独立意識は弱い。

一見へんぴな田舎のようだが、仏領ギアナにはフランスのロケット打ち上げ基地がある。ロケットは赤道に近い場所から打ち上げたほうが衛星軌道に乗せやすいためだ。

主要参考文献

『最新　世界各国要覧』（東京書籍）
『データブック オブ・ザ・ワールド　Vol・25（2013年版）』（二宮書店）
『新版　早わかり世界の国ぐに』辻原康夫（平凡社）
『「世界の国・世界のくらし」がわかる本』ペンハウス（メイツ出版）
『あの国いったいどんな国？　中南米・東欧・中東・アジア探索記』蒲田聡子（山と溪谷社）
『大発見！　あなたの知らない世界地図（図解雑学）』辻原康夫（ナツメ社）
『世界の国ぐに探検大図鑑』小学館編著／正井泰夫、辻原康夫監修（小学館）
『世界の食文化13　中南米』山本紀夫編／大塚滋、石毛直道監修（農山漁村文化協会）
『世界地名の旅』蟻川明男（大月書店）
『世界葬祭事典』松涛弘道（雄山閣）
『危ない世界の歩き方 危険な海外移住編』岡本まい（彩図社）
『世界の「独裁国家」がよくわかる本』橋本五郎監修／グループSKIT編著（PHP文庫）
『新版　ラテンアメリカを知る事典』大貫良夫、落合一泰ほか監修（平凡社）
『中南米スイッチ』旅音（新紀元社）
『ブラジルを知るための55章』アンジェロ・イシ（明石書店）

『地球の歩き方　ブラジル　ベネズエラ　２０１２〜２０１３』（ダイヤモンド社）
『アルゼンチンを知るための54章』アルベルト松本（明石書店）
『地球の歩き方　アルゼンチン　チリ　２０１２〜２０１３』（ダイヤモンド社）
『地球の歩き方　ペルー　ボリビア　エクアドル　コロンビア　２０１２〜２０１３』（ダイヤモンド社）
『アンデス奇祭紀行』鈴木智子（青弓社）
『ペルーを知るための66章 第2版』細谷広美編（明石書店）
『絵を見て話せるタビトモ会話　ペルー』玖保キリコ、やまとけいこ（ＪＴＢパブリッシング）
『コロンビアを知るための60章』二村久則編著（明石書店）
『革命のベネズエラ紀行』新藤通弘（新日本出版社）
『パラグアイを知るための50章』田島久歳、武田和久編著（明石書店）
『現代メキシコを知るための60章』国本伊代編著（明石書店）
『エルサルバドルを知るための55章』細野昭雄、田中高編著（明石書店）
『カリブ海　おひるねスケッチ』野中ともそ（東京書籍）
『カリブ海　カンクン・メキシコ（ワールドガイド）』（ＪＴＢパブリッシング）
『地球の歩き方　キューバ＆カリブの島々　２０１３〜２０１４』（ダイヤモンド社）

『ドミニカ共和国を知るための60章』国本伊代編著（明石書店）
『ハイチ　目覚めたカリブの黒人共和国』佐藤文則（凱風社）
『軍隊のない国家』前田朗（日本評論社）
『世界でイチバンの場所ガイド』造事務所（扶桑社文庫）
『図解「世界の紛争地図」の読み方』中村恭一監修／造事務所編著（ＰＨＰ文庫）

参考ウェブサイト

外務省
※そのほか、各種ウェブサイト参考

本書は、書き下ろし作品です。

編著者紹介
造事務所（ぞうじむしょ）
企画・編集会社（1985年設立）。編著となる単行本は年間30数冊にのぼる。おもな編著書は『日本人が知らないヨーロッパ46カ国の国民性』『こんなに違うよ！ 日本人・韓国人・中国人』（ともにPHP文庫）、『最新版 図解 世界がわかる「地図帳」』（知的生きかた文庫）など。

PHP文庫　日本人が驚く中南米33カ国のお国柄

2014年6月17日　第1版第1刷

編著者　造事務所
発行者　小林成彦
発行所　株式会社ＰＨＰ研究所
東京本部　〒102-8331　千代田区一番町21
文庫出版部　☎03-3239-6259（編集）
普及一部　☎03-3239-6233（販売）
京都本部　〒601-8411　京都市南区西九条北ノ内町11
PHP INTERFACE　http://www.php.co.jp/
印刷所
製本所　図書印刷株式会社

ISBN978-4-569-76187-9